中世衣生活誌

日常風景から想像世界まで

徳井淑子・編訳

勁草書房

©Danièle Alexandre-Bidon "Du drapeau a la cotte. Vâtir l'enfant au moyen âge (XIIIe-XVe s.)"
Cahiers du Léopard d'Or, no.1, 1989.

©Perrine Mane "Émergence du vêtement de travail à travers l'iconographie médiévale"
Cahiers du Léopard d'Or, no.1, 1989.

©Françoise Piponnier "Linge de maison et linge de corps au Moyen Age d'après les inventaires bourguignons"
Ethnologie française, no.3, 1986.

Françoise Piponnier "Étoffes de ville et étoffes de cour"
La ville et la cour des bonnes et des mauvaises manières, ©Fayard, Paris, 1995

©Pierre Bureau "«La dispute pour la culotte»—Variation littéraires et iconographiques d'un thème profane (XIIIe-XVIe s.)"
Médiévales, t. 29, 1995

©Michel Pastoureau "Du bleu au noir—Ethiques de la couleur à la fin du Moyen Age"
Médiévales, t. 14, 1988

©François Rigolot "Valeur figurative du vêtement dans le *Tristan* de Béroul"
Cahiers de civilisation médiévale, no. 3-4, 1967

目次

目次

凡例

I 子ども ……………………………………………………………… 1
　ダニエル・アレクサンドル-ビドン
　巻き紐から衣服へ——中世の子ども服(13—15世紀)

II 生活 ……………………………………………………………… 47
　フランソワーズ・ピポニエ
　生活の白布・身体の白布——ブルゴーニュ地方の財産目録から

III 労働 ……………………………………………………………… 67
　ペリーヌ・マーヌ
　中世の図像からみた仕事着の誕生

IV 町と城 …………………………………………………………… 93
　フランソワーズ・ピポニエ
　都市の布と宮廷の布

目　次

V 色彩 123
　ミシェル・パストゥロー
　青から黒へ——中世末期の色彩倫理と染色

VI 男と女 143
　ピエール・ビュロー
　《ズボンをめぐる争い》——ある世俗的主題の文学と図像のヴァリエーション（13—16世紀）

VII 文学的想像力 181
　フランソワ・リゴロ
　ベルールの『トリスタン物語』における衣服の形象価値

編者あとがき 205
著者と掲載誌
索引／用語解説
図版一覧

iii

凡例

一、本文中の「　」は、原著のイタリック体による強調語である。ただし訳者が読みやすさを考えて加えたものが、若干含まれている。また〈　〉は原著の《　》による強調語もしくは引用語、引用文である。

一、［　］内の小さな活字による註は訳者による。

一、画題もしくは図像テーマに関することばは《　》で示した。

ダニエル・アレクサンドル-ビドン

巻き紐から衣服へ——中世の子ども服（13—15世紀）

I 子ども

I-1a　紐で巻いた産衣
安全紐のない揺りかご

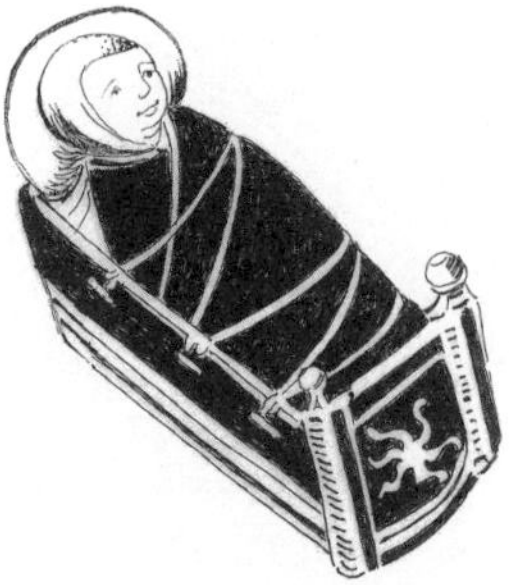

I-1b 巻き紐のない産衣
安全紐付き揺りかご

中世では、かたちのあるものはすべてなんらかの思想を包みこむ衣服である、とエミール・マールが言ったことがある。この文を逆さまにすれば服装についても同じことが言えるだろう。つまりどんな衣服も思考や観念を、少なくとも貴族や民衆の感性を表わし、子どもの衣類の場合はとくにそうである、と。子どもの服装にあっては役に立たないものなど一つとしてなく、すべてが実用的であるのだが、同時に象徴的な方式に則って体系化されている。育児法やひとの生きのびる手段を産衣や巻き紐をとおして調べてみることは、中世の精神性から外れることではない。母親の体内の胎盤を〈子どものマント〉と呼ぶように、中世の育児法にあっては、服飾用語で言い換えられるものが実に多い。産衣や巻き紐と同じように、夜間、身体の整形と保護の役目を担う木製揺りかごや転落防止の安全紐（図I—1）にいたるまで、事情は同様である［揺りかごには乳幼児期という比喩的意味がある］。

　乳児・幼児期という人生最初の二つの段階は、身体に密着する産衣と身体を解放する長衣《ローブ》という相反する二つの型の衣服に対応する（図I—2）。それらを順に採用するか、一方を取り止めもう一方を使うかどうかは、乳幼児期の生物学的生と両親の思想との双方に適合するかどうかによって決まる。乳幼児期の衣服体系の根底にあるこの二重性は矛盾を引き起こさざるをえないが、この矛盾がいくぶんなりとも解消されるのは、一日のあいだに繰り返される脱衣という行為によるほかはない。一般に図像のなかでは乳幼児は、着衣ではなく裸体であらわされる。しかし現実には（限られた資料から特権階級についてのみ言えることだが）、子どもを裸にさせるのは授乳や風呂のとき、または遊ばせるときだけである。その後はそれぞれの年齢にふさわしい服装が与えられたと思われる…。

I-2　産衣を着た乳児とローブを着た幼児

　子ども服やその付属品が遺品として現存することはまれである。子ども服の布地は断片すら今日には伝わっていない。要するに帯のバックルや鋲、宝飾品といった金属片のみが残され、発掘されるだけであるが、それらが乳幼児のものだったかどうかまでは分からない。小さなバックルだからといって必ずしも幼児のものとは限らない！　これに対し革製の履物は、アイルランドの泥炭地、港湾遺跡、河岸都市など嫌気性の土壌をもつ地域で見つかっている。たとえばダブリン、パリやサン・ドゥニ、ロンドンのいずれでも赤ん坊のサイズこそ見つからないものの、歩き始める年齢の子どもの履物は発見されている。

文書資料からはこれといった情報は得られず、少なくとも形態と色彩についての詳細な情報はないといってよい。文学資料は十六世紀以前にはほぼ皆無である。格言やなぞなぞには示唆に富むものがあるが、そのような場合はまれである。フランスについてはフランソワーズ・ピポニエがディジョン市に残された十四・十五世紀の死後財産目録を調査しているが、それによれば産衣を構成する〈布類〉と〈巻き紐〉、それに〈編み針製〉つまりニットの長靴下やソックス、ウールの帽子、怪我防止の頭当てが伝えられている。さらに子ども用の帯とそのバックル、財布と巾着《オモニエール》、そしてなんと六・七歳の男児用の小さな鎧まである！　イタリアについてはクリスチャンヌ・クラピッシュ-ジュベールがフィレンツェで記された家政書の類を調査しており、産衣や巻き紐、長衣やゴンネッラ［中世末期からルネサンス初期にかけてのイタリアで、男女ともに用いた袖付きのゆったりした長衣］、ボタン付きの〈丈の短いマント《マンテッリーノ》〉と〈縁なし帽《ベッレッタ》〉など、いっそう仔細に伝えている。イタリアの方がフランスの場合より格段に正確であるのは、小間物商の在庫のみならず、子どもが里子に出されるとき一緒に託される衣類一式が、細大もらさず記されているからである。衣類一式には揺りかごとその付属品も含まれている。

最後に図像はこのテーマの基本的な資料であり、文書資料に記されている衣類の形態や色彩を想像させてくれるものとしては、これしかない。図像はとくに十四・十五世紀について情報をもたらしてくれる。貧しい人びとが描かれることはめったになく、十五世紀には都市の富裕階級《ブルジョアジー》と貴族階級しか描かれないのであるが、図像は文書に記された衣類の組み合わせ方や着用法、あるいは仕草について多くの情報をもたらし、文献の意味を逆に理解させてくれる。図像資料によってはじめて乳幼児の服装における通時的ではなく共時的な相違がわかり、また同じ衣類でも、フランスとイタリアでは着かたも着る理由も異なるということが理解できる。

1　産衣を着た子ども

衣装箱の中身

幼い子どもの服装が描かれている写本挿絵をフランス、フランドル、ドイツ、イギリス、そしてイタリアにおいて見ていくと、産衣の形態は地図上ではっきりと二分されていることに気が付く。すなわちイタリアでは紐を螺旋形にしっかり巻きつけ、ミイラのように子どもをくるんでしまうのに対し、その他の地域では紐を交叉させてゆったりと巻く（図Ⅰ―3）。後者では螺旋形の巻きかたは知られていないし、ミイラのような形状を示してもいない。乳児の身体に関する束縛と自由という二つのあり方は、それぞれの文化の教育理論の違いに対応する。

基本となる衣類は簡単で限られている。まず子どもの肌を薄く柔らかい亜麻布などのリンネルで、ときには頭巾のように頭から身体全体をすっぽりくるんでしまう。その上を保温のために厚地の布で胸の上が重なるようにつつみ、かなり長い紐で固定する（図Ⅰ―4）。フランスやフランドルではからだの周りを紐で数回巻き、イタリア、なかでもトスカーナ地方ではぐるぐる巻きにする（図Ⅰ―5）。

I-3　交叉状の巻き紐の産衣

図像には子どもの着替えの場面がかなりよく出てくるから、子どもに服を着せる際の動作は正確にとらえられる[1]。どの地域でも乳母や母親は床の上に脚を伸ばしてすわり、脚の先にクッションをあて、両脚の上に毛織物とリンネルの布を置き、その上に子どもを寝かせて着せつけている（図I―6）。そばに置かれた紐は包帯のように巻かれているか、あるいはシエーナのフレスコ画、とくにシエーナ大聖堂のサン・ジョヴァンニ・バッティスタ礼拝堂を飾る洗礼者ヨハネ生誕図［一五〇四年、ピントゥリッキオ画］が示しているように木製の糸巻きに巻かれている。さらに着替えを表わしている図は紐をどこで結ぶのか、その位置も示しており、螺旋形でも交叉状でも、それはくるぶしのところである。螺旋形の場合はもう一箇所で結ぶ必要があり[2]、挿絵によればそれは胸の上である（図I―7）。エジプト式に下半身だけを巻くイタリアの例では、赤い紐が腋の下の位置で螺旋の始点を固定している。

　これら二種の衣類の目的は明らかである。上層階級では亜麻布製を使うが、そのリンネルの目的は、保温のために必要な固くざらざらした毛織物の産衣から乳児のデリケートな肌を守ることである。巻き紐は二つの役目をもち、一つは、ボタン掛けが普及していない時代であるから、ゆるやかな産衣をしかるべく固定すること、そしていま一つは、フランス、イタリアそれぞれで程度は異なるものの、子どもの身体をしかるべく整形することである。要するに身体がまだ柔らかい人生の初期の段

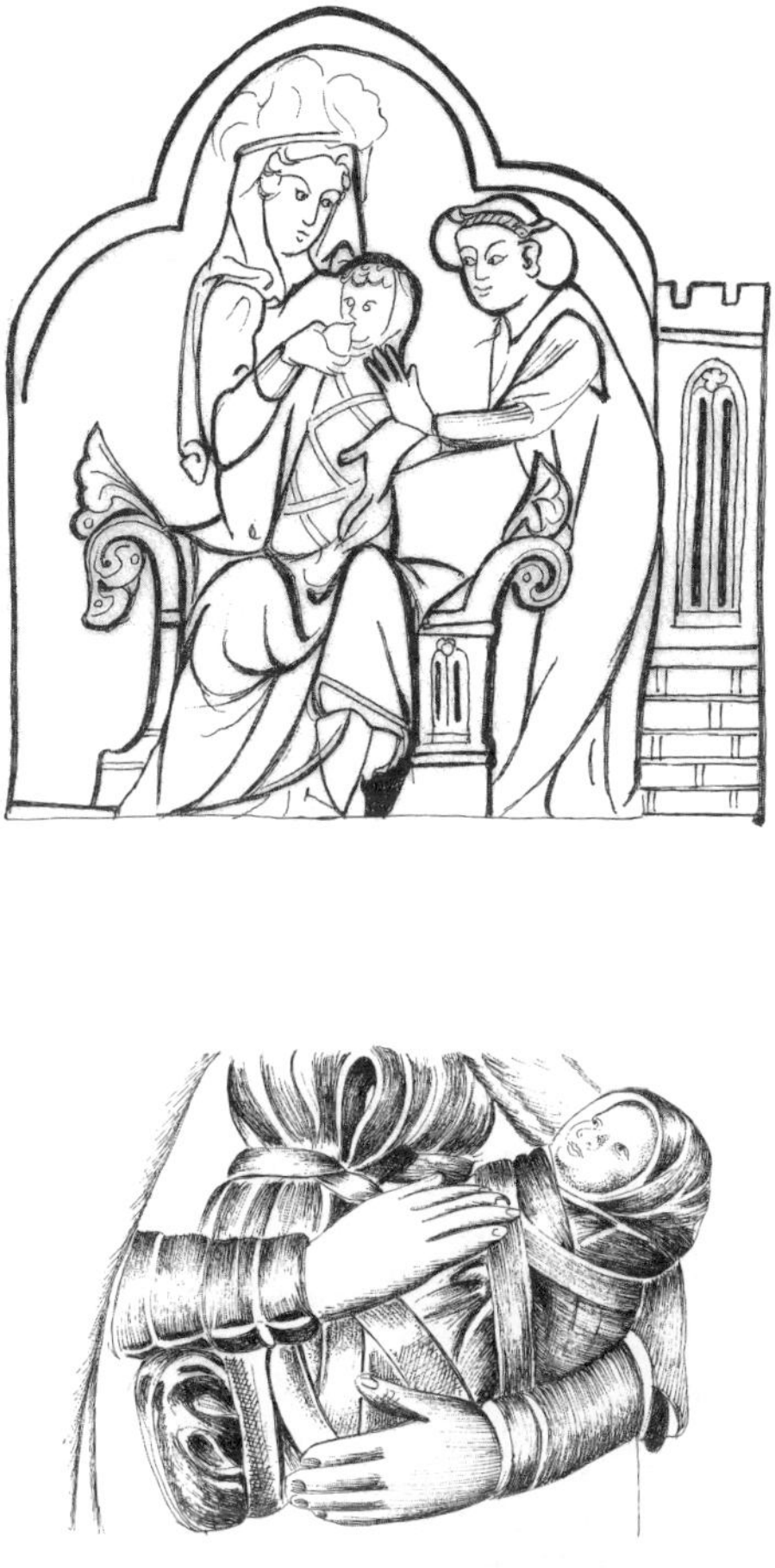

I-4a（上）、4b（下）　交叉状の産衣

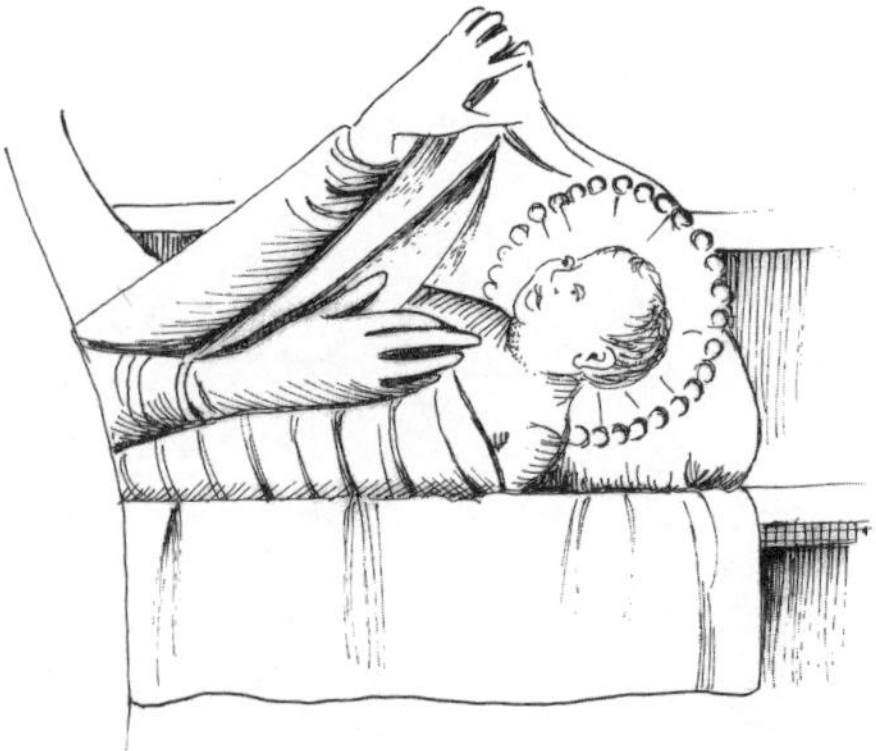

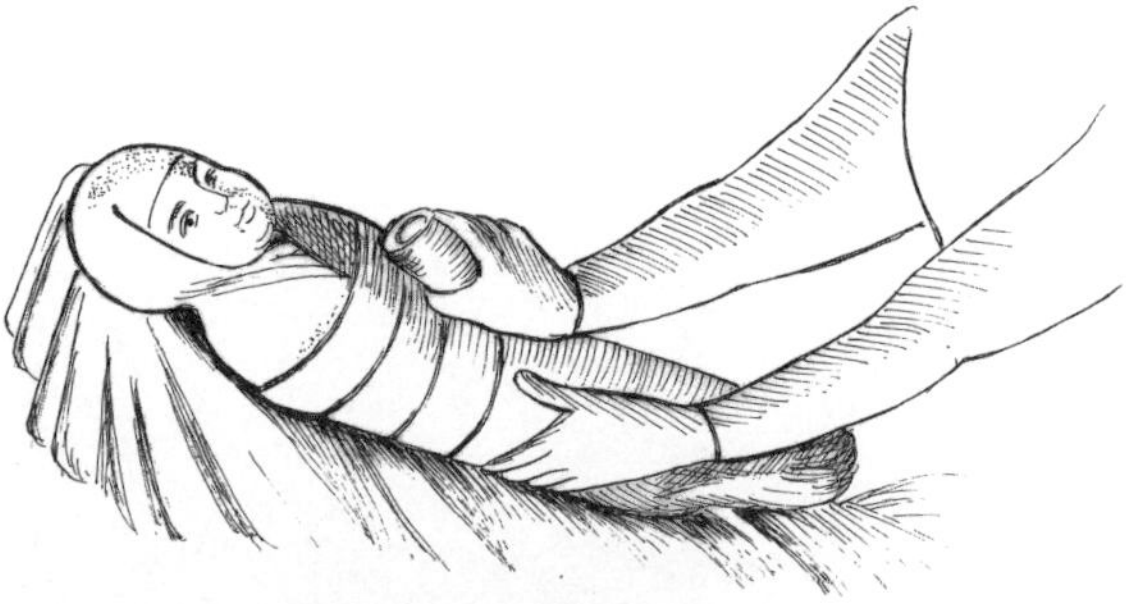

Ⅰ-5a（上）、5b（下）
イタリアにおける着替えの例

Ⅰ-6
産衣を着せる姿勢

階で、子どもの四肢をまっすぐにしてやらなければならない。中世の親は子どもの身体が変形したまま成長することをなによりも恐れた。腕は身体にそって置かれることがもっとも多いが、フィレンツェの孤児養育院《オスペダーレ・デリ・インノチェンティ》にチェルッチの弟子が描いた例に見られるように、少し曲げて下腹の上で交叉させることもある（図Ⅰ—8）。ただ腕の変形はさほど恐れられておらず、したがって腕が最初に産衣から解放された。脚は曲がったり不自由になったりしないように両脚をそろえて伸ばされ、身体のほかの部位にくらべて長いあいだ紐で巻かれている。紐の巻きかたは、交叉するタイプのものが既にガリア人の墓石やカ

Ⅰ-7　胸の上の結び目の位置

Ⅰ-8　産衣の下の腕と脚の位置

ロリング王朝時代の写本に見られ、子が五体満足に育つようにと願う親心や不安から生じたことは明らかである。しかし固定は運動を妨げることであるから、このやり方はおそらく、もともと腰に奇形のある者にはそれを進行させてしまう恐れがあっただろう。しかしながら、最後にくるぶしのところで縛り、産衣の内外で自由に動かせるようにした両足は[3]おのずと離れるため、内反足《ないはんそく》や内股になる危険をさけることができた。子ども服は大人の服と異なり、快適（布地の暖かさと柔らかさ）と保護（紐を巻くことと産衣の病気予防色）という二つの必要性を組み合わせている。乳児の衣類には華やかさも見栄えの好さもさして重要ではなかったようである。

衣服の色は育児法においてたしかな役目を果たしている。この点については写本挿絵も記述資料も一致して同じことを示している。ただ色によっては単に生活のゆとりの問題にすぎないことがある。つまり民衆や農民層、貧困層が茶色の巻き紐や産衣で象徴されるのは、おそらくそれらが麻製のためである。一方、十四・十五世紀の貴族階級の産衣は決まって赤である。赤を使用できるかできないかは価格の問題であり、これによってほかの子どもよりももっとよく護られる子どもたちがいたということである。つまり産衣においても、また産衣ほどではないにしろ、それに続く時期の子ども服においても、保護機能が色の選択の主要な動機であったらしい。赤い産衣や巻き紐は、出血（血の赤）やペスト（十四世紀末以後）などの病気、とくに麻疹《はしか》に効くと信じられていた。外科医モンドゥヴィル［アンリ・ド・モンドゥヴィル。一二六〇年頃生まれ。イタリアの外科学をパリ学派に導入したランフランクスの弟子で、のちにフランス王フィリップ四世の侍医もつとめた。『外科学』Chirurgia を著した］は、麻疹にかかった子どもにレンズ豆やサフランの煎じ薬を与えるという民衆の故習にヒントを得て、この病気にかかった者を赤い布でくるむように勧めている！[4] 病理学が不在の時代ではあるが、赤い色は子どもに好もしいと判断され、十三世紀のライムンドゥス・ルルス［一二三五―一三一六年。カタルーニャの神学者。キリスト教、ユダヤ教、イスラム教に共通する原理を追求したことで知られる］は『子どもについての教義』のなかで〈赤い色を見ることは人の心を強くする〉と述べている。[5]

しかしながら写本挿絵にみられる色は赤に限られるわけではない。要するに図像は多分に流行の影響を受け、子どもはほかの色を着せられることがある。たとえば緑色は十三世紀末までとくによく現われるが、ルルスによれば青とともに子どもにふさわしい色で、〈身体の視覚機能を高め、強くする〉という。ベージュと薄紫色《パルム》はとくにイタリアによくみられるが、赤がとりわけ新生児の産衣の色として用いられるのは流行による現象ではなく、小児保護に関わることなのである。

衣類の組み合わせ

子どもの身体に産衣を着せる際、柔らかい布と、ごわごわした麻やちくちくする毛織物とがはっきり区別されたように、洗濯のきく布とそうでない布とが区別される。亜麻布や白い麻布は必ずからだにじかに着けられ、毛織物の刺激に過敏な肌を護っているが、そればかりか産衣が便で汚れるのを防ぐ役目も果たしている。新生児はへそ帯や脱腸帯以外にもなにか下着をつけている場合がありそうだが、結局手がかりは少なく、便で産衣が汚れないように乳児の臀部に特別の衣類をつけたことを示す図はきわめてまれである。[6] たいてい子どもは毛織物の布と白いリンネルの下になにも着けておらず、フィレンツェの衣装目録にもこの種の衣類に使ったとおぼしき紐の類はない。一方、授乳の情景を描

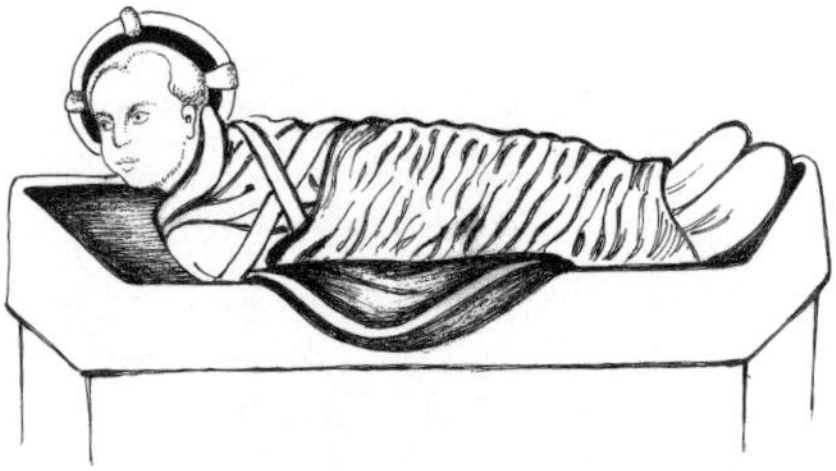

I-9　産衣の上にかけられる覆い

I-10 三層になっているイタリアの産衣

いた挿絵によれば、貴族や富裕な町人《ブルジョア》階級では授乳が終わるまで乳児を裸にしておいたようである。このようにしておけば少なくとも昼間は、汚すのではないかという心配がいくぶんなりとも減った。夜間、揺りかごに寝かせるときには、高価で洗濯しにくい毛織物の代りに別の布を重ねたのではないかと推測されるが、十三世紀初頭の『インゲボルグの詩篇集』〔フランス王フィリップ二世と結婚したものの、間もなくして夫に退けられた不幸なデンマーク王女のために一一九五年頃制作された彩色写本〕にはその様子をうかがわせる図がある(7)(図I―9)。

フィレンツェの産衣の記録からは洗濯の頻度と、頻繁に洗濯された衣類が何であったのかがわかる。

ある『回想録《リコルダンツァ》』によれば、要するに亜麻布などのリンネルは毛織物の布の三倍所持され、一方巻き紐の所持数は毛織物の布の数に対応しているようにみえる。一四二八年四月、メッセール・ヴァンニ・カステッラーニの娘が里子に出されたとき、〈亜麻布二十枚、巻き紐七本、毛織物六枚〉が数えられており、同じ頃、ジョヴァンノッツォ・ピッティの娘は〈亜麻布十二枚、毛織物四枚、巻き紐四本〉を所持している。これらの数字から洗濯と交換の頻度を推定できるだろうか？　亜麻布の数が上に重ねる毛織物や巻き紐の三倍から四倍多いということは、下に着るものが三倍から四倍多く洗濯されたということだろうか。

　衣類の重ねかたは図像の制作地によって異なる。つまりフランスではリンネルと毛織物は単純に重ねられているが[8]（図I—6）、イタリアではもっと複雑な重ねかたがされている。フィレンツェの孤児養育院やシエーナのスカーラ病院にあるテラコッタのメダイヨンなどでは、産衣は二層ではなく三層の厚みをもっている。つまりリンネルと毛織物の布のほかに、巻き紐が完全に身体を覆い、ひとつの層をなしている。この様子がさらによくわかるのは、一四四一年から四二年頃にドメニコ・ディ・バルトロが巡礼者宿泊所《ペッレグリナイオ》に描いたフレスコ画で、授乳のために服の一部を脱がされた子どもの図である[9]（図I—10）。図像からは冬と夏では着かたが異なっていたこともわかる。夏には肌の上を直接紐で巻くだけで、肩がむき出しになる[10]。産衣の下に隠れて見えないのだろうが、リンネルの代わりとして紐を巻いたこともあったはずである。

病気予防と育児法

フランスとイタリアでの産衣の相違は育児法のあり方の相違に対応し、一方は他方より保護の機能を求め、また身体形成の願望を明らかにしている。つまりフランスでは巻き紐できつく束縛することはなく、多くは〈細紐〉を二、三回交叉させて固定するだけである。イタリアでは巻き紐で子どもを〈ミイラ化〉することから、快適性を無視して束縛しているとしか考えられないが、巻き紐は身体をかたちづくると同時に保護しているわけだから、もちろん子どもを思いやってのことである。このようなやり方では子どもは動くこともできなかったのではないかとおもってしまうが、人物の動作を固定せざるをえない図像の情況から勝手に厳しいと判断し、身体を束縛するものと決めつけてもよいのだろうか？　イタリアでもフランスでも、実は産衣はどんなにぴったりしていても柔軟な構成になっており、子どもが寝ていようが起きていようが身体を硬直させてしまうことは決してなかった。外側を紐で網の目状に巻き付けられていても、イタリアの乳児は足を伸ばしても曲げても座ることができ、椅子に腰掛けることも、身体を曲げることもできた。たとえばフランスのアミアン大聖堂にあるエジプトへの逃避図には、幼子イエスがそのように描かれている（図Ⅰ—11a）。イタリアには、ドナテッロによるテラコッタ《座る聖母子》像に、幼子イエスがクッションでふくらんだ木製の小さな椅子に座っている例がある[11]（図Ⅰ—11c）。あるいはアントニオ・ディ・ビアージョによる聖母子像では、聖母の乳を吸う幼子は脚を曲げている[12]（図Ⅰ—11b）。フランス国立図書館蔵のイタリア語写本『我が主イエスの生涯の瞑想録』にも同様の例がある[13]。そしてヴェネツィアの絵画館が所蔵するジョヴァンニ・ベッリーニの神殿奉献図は、紐に巻かれていても手足は意外に自由がきくということを実によく示している

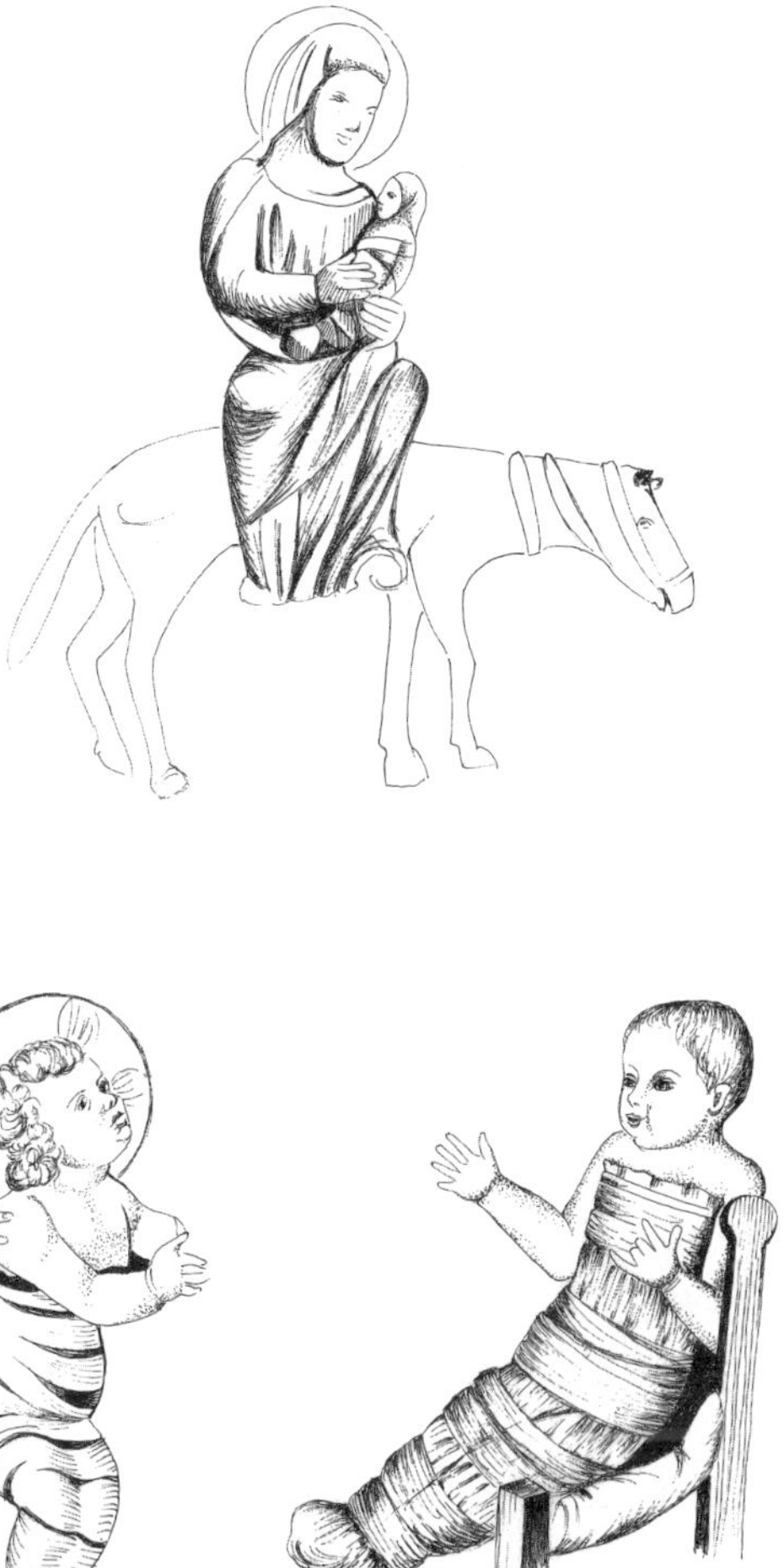

I-11a (上)、11b(左)、11c(右)　柔軟性のある産衣

I－12　手を自由にする柔軟性のある産衣

（図I－12）。両手が紐から抜けて自由になっているから、明らかに紐はきつく巻かれてはいない。紐を巻かれた子どもは、絶対に動かず寝たままでいるように強いられていたわけではなかった。

紐の巻きかたは国によってきつかったり緩かったりはするが、常に柔軟性をもって子どもを巻くこのやり方は民衆の故習に由来すると同時に、医学書や百科全書における知識人の意見にしたがって採用されたものでもある。これらの書物では身体をかたちづくる産衣の効能が説かれていた。巻き紐は〈まっすぐに（手足を）保ち、子どもの身体が決して醜くならないように〉必要であるとバルトロメウス・アングリクス［十三世紀イギリスのフランチェスコ会士。主著『事物の属性の書』全十九巻は一種の百科全書であり、出産、婦人科疾患、子どもの養育についても取り上げられている］は述べ、乳母が子どもを縛らなければならないのは〈子どもが動くとき〉であると明言している。[14] つまり不用意に動き、手足を変形させる恐れがあるときや、揺りかごから落ちる危険があるとき、そしてとりわけ屋外で母親の腕のなかで子どもがむずかるときである。イタリアでは十三世紀の医者アルドブランディーノ・ダ・シエーナ［生没年不詳。シエーナ出身の医者で、フランス王ルイ九世の侍医をつとめたといわれる。主著『健康療法』は、衛生、治療、食餌療法などを扱った医学的な書］が〈（手足を）こすり、伸ばし、まっすぐにし、かたちを整え、手を膝の方へ伸ばし、頭をくるんで軽く紐をかけ、（……）きれいなかたちにする〉ことを力説している。[15] これも産衣の整形機能の側面を述べたものである。しかし十六世紀には、ローラン・ジュベールによって公刊されたバルテルミー・カブロルの民衆の俗説と誤謬に関する一覧が、〈子どもを長時間紐で巻き、リンネルのなかに押し込めておくのは夏にはとくによろしくない。つまりそれは結石やほかの病気を引き起こす原因になる[16]〉と述べている。知識人の文化と民衆の文化とのあいだには隔たりがあったということなのだろうか？　バルトロメウス・アングリクスは、〈子どもが動くとき〉縛らなければならないと明言し、巻き紐の使用と使用時間を制限しているが、これはローラン・ジュベールの〈長時間〉ということばに対応し、このことは子どもが授乳や風呂や遊びのときに頻繁に産衣を脱がされたことを意味している。もう一つ、紐で巻くことから生じる不都合としてカブロルが暗示し、ジュベールが『民衆の誤謬』のなかで明言していることは、〈窮屈な衣服は子どもの成長を阻害するか？〉ということである[17]。成長が止まるのではないかという恐れ——また揺りかごの中には大きくなる見込みはなく、泣き叫ぶほかに能のない悪魔《シャンジュラン》がいるのではないかという恐れ——があったからこそ、フランス式のゆるやかな結びかたが選択されたのではないだろうか。ジュベールのことばを信じるなら、要するに産衣は四肢を形成するが、同時に子どもを泣かす原因《もと》になる[18]。産衣はおそらく乳児だけのもので、早々に放棄されたのではないだろうか？　ステレオタイプの図像のなかで産衣にくるまった赤ん坊の姿はいわば絵文字であり、このことが産衣を着る時期についての誤った、もしくは歪んだ見かたを固定させたのではないだろうか？　問わねばならないが、立証するのは難しい。

　アルドブランディーノ・ダ・シエーナは頭を巻いてくるむように勧めている（図I―13）。縁なし帽《ボネ》は産衣を着た子どもも、衣服《ローブ》を着るようになった子どももかぶっており、この点についても疑問は多く、

I－13a　頭部の覆い方　リンネル地の場合

I－13b　頭部の覆い方　厚地の布の場合

課題は多い。図像を見たかぎりでは子どもはほとんど帽子をかぶっておらず、統計的にいえば歩行年齢の子どもにくらべて乳児の方が六倍、またフランスよりもイタリアの子どもの方が多くかぶっている。貴族の子弟の健康管理について述べた十五世紀の書物は、[19]〈頭は冬用の頭巾ですっぽりとくるみ、夜は裏地のついた縁なし帽《ボネ》で、昼もやはり裏地のついた小さな頭巾《シャプロン》でくるみ、風邪をひかせないようにする〉と述べている。ディジョンの小間物商の目録にも子ども用の帽子の記載があり、それらは毛織物製で、したがって冬用であろう。なぜ図像では帽子がなおざりにされ、ほかの資料にくらべて格段に表現が少ないのだろうか？　図像は現実を忠実に証言してはいないのだろうか？

図像がもたらす情報の信頼度が高いという原則の上にたつとしても、事実を解釈するにあたって今度は実際上の理由と観念上の理由とのあいだで迷いが生じてしまう。つまりリンネルでくるむこともできるのだから帽子は贅沢で無駄であるという入手上の判断によるのか、それとも帽子をかぶることを好しとするか否かの観念上の判断によるのかということである。文書資料のなかには次に掲げるなぞなぞのように、[20]ボネの使用とその整形機能を述べているように見えるものがあるが、ここでは帽子は頭のかたちをよくするためにあるのではなく、耳のかたち、つまり耳がぴったり頭につくようにするためにある。〈問：なぜろばはあんなに大きなお耳をしているの？　答：それはね、お母さんが頭巾をかぶせてあげなかったから！〉。とはいえ図像に見られる帽子やボネに耳をおおっているものが多いわけではない。十六世紀に入ると今度は〈頭をあまり覆ったままにしておくと白髪になる〉、つまり髪が抜け落ちてしまうという意見も出てくる。[21]これは乳児の生えたばかりの髪は一時的なものにすぎず、枕やボネの織物でこすれて抜けてしまうという意味なのだろうか？　ブロンドの豊かな巻毛が子どもの理想美である時代に、このような危惧のために母親がボネを買うのを控えたということは充分に考えられる。しかしながらローラン・ジュベールの『民衆の誤謬』は〈子どもの頭をむき出しにしておくのは果たしてよいことだろうか？〉と自問している[22]。少なくとも躊躇していることだけは確かである。

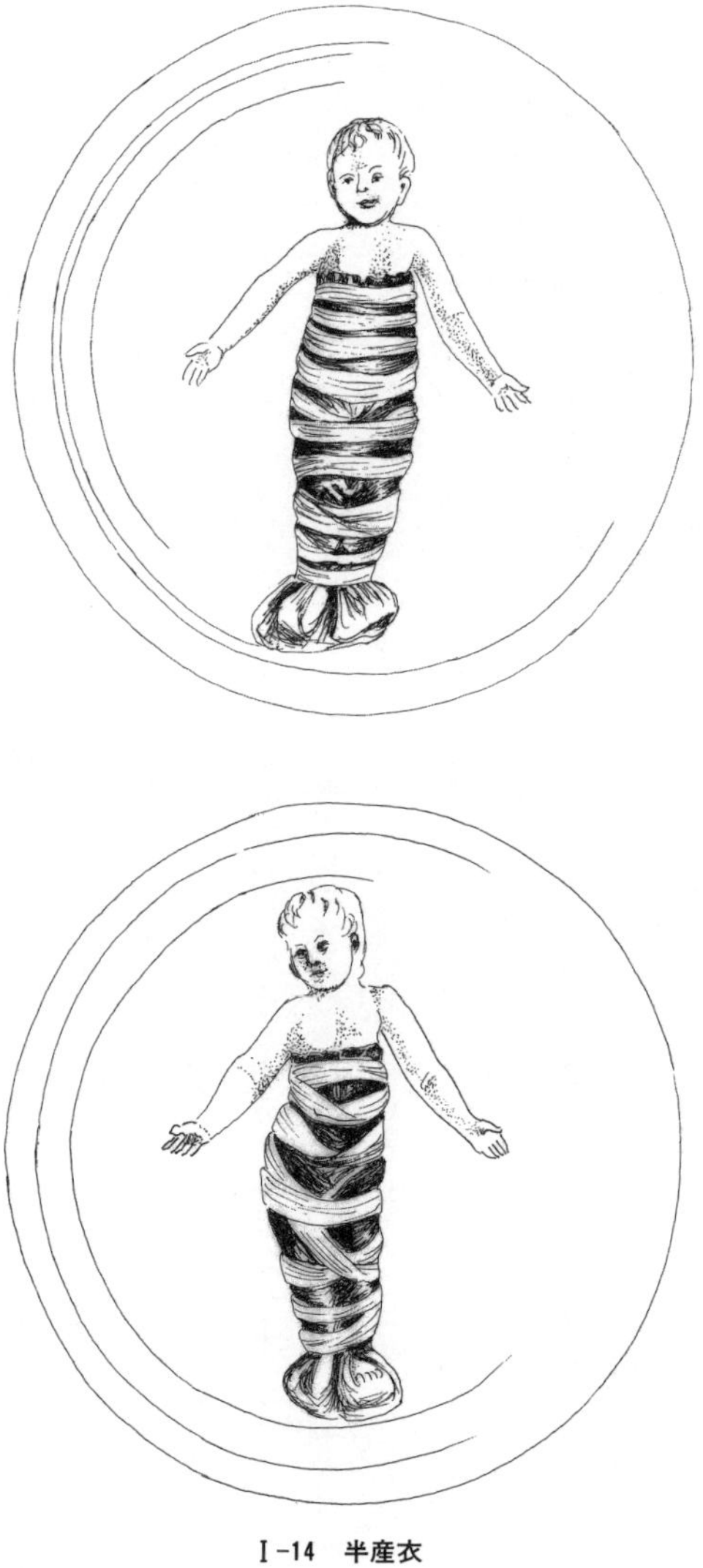

Ⅰ-14　半産衣

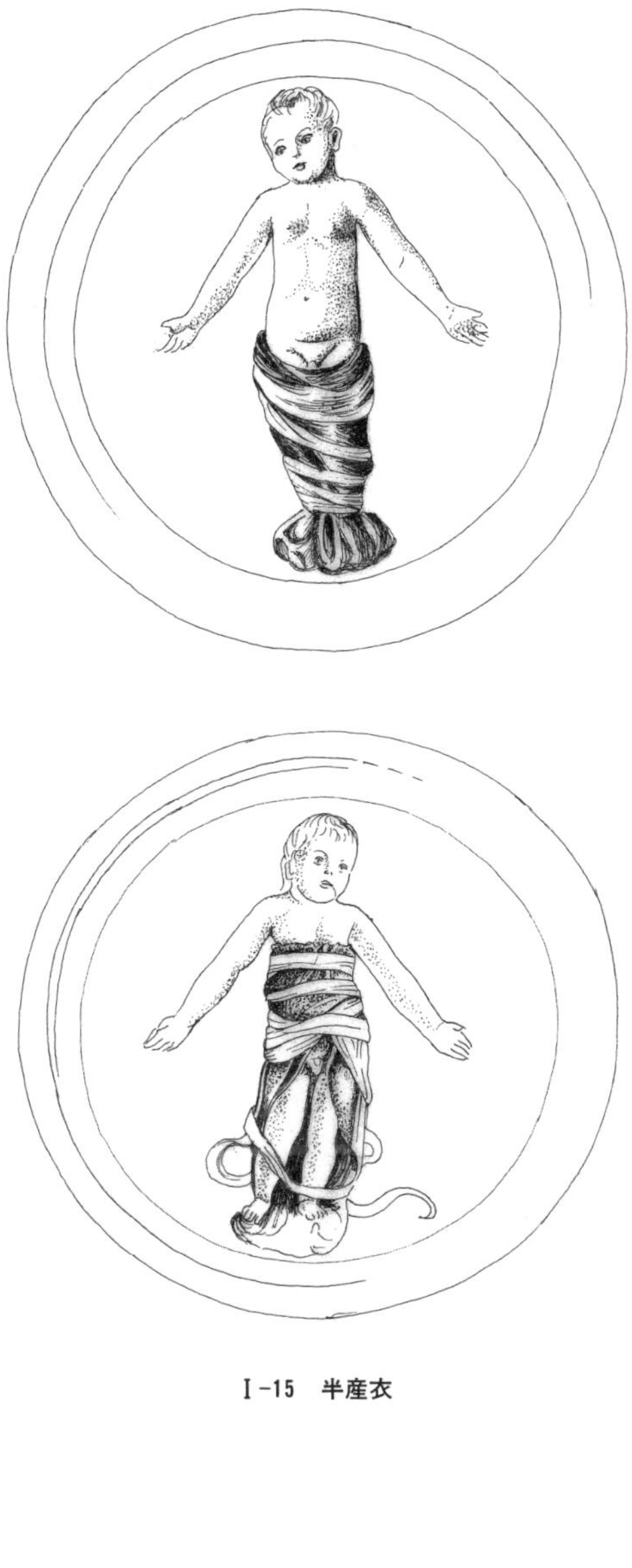
Ⅰ-15　半産衣

2　長衣《ローブ》を着た子ども

半産衣《ドゥミ・マイヨ》

産衣から長衣《ローブ》への移行は段階的で、けっして速やかに行われるわけではなかった。子どもは産衣から解放される前に手足の動かし方を覚え、その柔軟性を知っておかねばならないから、歩く年齢になる前にローブもしくはコット「筒袖がつき、ふくらはぎから裾までの丈のワンピース形の衣服」を着ることになる。いいかえると、写本の挿絵に見られるような「あんよ車」〔木枠に車をとりつけ、それを押して歩けるようにした幼児用の歩行器〕を使って立つことができるようになる頃に、産衣から解放されたようである。ところで、あんよ車につかまっている子どもはみなローブを着ている。おそらくこの時期以前に既に子どもはローブを着ているとみられるが、それは腕に抱かれたり背負われたりしている赤ん坊の多くが既にローブを着ているからである。赤ん坊は素足で、服は身の丈よりも常に長いようにみえ、白いシュミーズ〔素肌の上に着る麻や亜麻布製の衣服〕が下着の役目を果たしている。

しかしながらシュミーズやローブへ移行する前に、歩行前の子どもは下半身を拘束し、腕だけを自由にする半産衣を着せられる。この種の産衣は図像ではめったに見られないが、イタリアではフランドルやフランスよりも例が多い（図Ｉ―14、図Ｉ―15）。

すなわち、挿絵画家がこのような姿の子どもを描く場面というのがいくつかある。その一つは幼子イエスの神殿奉献図である。半産衣には二つの型があり、一つは腋の下から足まで紐で巻き、その上に長袖のぴったりしたシュミーズを着せる方法である。もう一つは胴の位置からシュミーズの上を紐で巻き、胴のところを細い紐（?）でしっかり固定し、プリーツを寄せたように見せるもので、こちらは前者よりさらにまれである[23]。

半産衣には明らかに多くの利点がある。腕と手が自由になることにより、ものを摑んだり、食事のときには固形の食べ物を取る訓練ができる。おそらくものを摑めるようになる頃に半産衣は着せられるのだろう。子どもの触覚を発達させつつ、半産衣は子どもを動けないようにし、安全を確保する。子どもは母親の視界から消えることはなく、その一方で母親は赤ん坊が早くから立とうとするのを心配しないですむ。立つのが早すぎると脚が曲がってしまうと恐れられていたからである。半産衣が空間と物体に対する触覚が発達する時期、自発的な捕捉能力がそなわる時期に登場してくるとするなら、おそらく生後三か月から四か月頃に半産衣が着せられたのだろう。

図像によれば半産衣は要するに子どもが座ることができるようになる時期、生後六か月ぐらいの時期のものである。フランス国立図書館所蔵の『我が主イエスの生涯の瞑想録』のなかで燔祭の石にすわる子ども、[24] あるいはドナテッロのテラコッタで木の小さな椅子にすわる子どもが（図I―11c）珍しく半産衣を着せられているのは、そのような年齢にあるからである。とはいえこうした年齢についての詮索は割り引いて考えねばならないし、結局は乳幼児の服は生物学的な発達に対応するのである。

年齢と衣服の関係

どのような年齢でどのような型の衣服を着るのかを調べるときの最大の問題は、図像が表現するさまざまの子どもの年齢あるいは年齢層を割り出すのが難しいということである。ただしこの難点もローブを着る年代の子どもについては、常套もしくはステレオタイプの図像表現によって解決されるところがあり、したがってそうした図像は歴史研究に値する、というよりも一度は考察されるべきであろう。すなわち子どもを一生のある時期に属するものとして表現する一連の図がいくつかある。そのうちもっとも重要なのは、十三世紀にバルトロメウス・アングリクスが著し、十五世紀になっても挿絵付きで筆写され続けた百科全書『事物の属性の書』にある図で、これらの多数の図はきわめて明快である。ここには子ども、青年、壮年、老年がそれぞれ一人ずつ描かれるとか、あるいは子どもが四人、青年一人、壮年、老年が一人ずつ描かれるなどし、人間の一生が四期から七期に分けてあらわされる。すなわち〈人類とその例について〉の章には規則的に挿絵が一枚ずつ挿入され、そこに人生の各時期がそれぞれに特徴的な服装と付属品、家具、遊具、武具によって象徴的に表され、各々の所持者がどの時期に属するかが示されている。

　各人物がいかなる年齢に相当するのかを知るには、まず当時の学者たちが人間の一生をどのように区分したかを知っておく必要がある。[25] バルトロメウス・アングリクスはセヴィーリャのイシドルスと同じように、○歳から七歳までを幼年期（infantia）、七歳から十四歳までを少年期（pueritia）、十四歳から三十歳までを青年期（adulescentia）、三十歳から五十歳までを壮年期（juventus）、五十歳から六十歳までを初老期（senectus）、そして六十歳以上を老年期（senium）と定めている。アルドブランディーノ・ダ・シエーナも同様の区分をしている。学者の区分にしたがって挿絵に四人の人物が描かれている場合には、各時期を見分けるのはたやすい。一方、後に《人生の諸段階》という図像テーマを生むことになる十五世紀末の表現方法にしたがって、とくに子ども期を細分化した挿絵の場合は、いうまでもなく我々にはとくに豊かな情報源になる。つまり子ども期の各年齢層の装いを特徴づけるわずかな違いまでも明示しているからである。これらの図を一つずつとりあげて検証してみよう。

　フランス国立図書館蔵のフランス語写本一三四番（九二葉裏）には人生の四期が描かれている。○歳から七歳までの「幼年期」の定義に対応する最初の図は、歩行の練習によって象徴化されている。子どもは赤いローブを着け、黒い革の帯を締め、革の履物をはいている。頭髪は自然で、あんよ車につかまって立っている。「少年期」［青年期の初めという意味か？］はプールポワン［十五世紀の男子の上着。

これとタイツ状の脚衣を組み合わせるのが、当時の男子の一般的な服装であった」を着け、高い縁なし帽《ボネ》をかぶり、手に鷹をとまらせている。「壮年期」は鎧を付け、「老年期」は杖にすがっている。

フランス語写本二二五三一番（九九葉裏）の挿絵には五人の人物がみえ、そのうち四人は男である。独楽を回す男の子は赤い短めのローブを着て、黒い革帯に巾着をさげ、履物をはき、靴下を膝下で丸めている。頭髪は自然である。彼は子ども期の前半と、バルトロメウス・アングリクスのいう〈フランス語にはことばがないが、ラテン語ではプエリキアと呼び（……）十四歳まで[26]〉の子ども期後半を同時に表わしている。男性の一人が女性を抱いているのは、彼らが父親と母親だからである。挿絵画家は各時期の年齢幅の上限を描いており、この二人は「青年期」の最後をあらわしている。二人はそれぞれ頭巾《コワフ》と帽子《シャプロン》をかぶっている。机に向かっている男は「壮年」の姿である。椅子に腰掛けている老人は「初老」もしくは「老年」である。

フランス語写本二二五三三番（八四葉裏）の挿絵も同じ図式にしたがっているが、こちらには女性の姿はなく、男性の持ち物しか表わされていない。子どもは独楽で遊び、先の例と同じく膝丈のローブを着け、頭にはなにもかぶっていない。「青年」はプールポワンを着たお洒落な若者で、帯に短剣をさしている。「壮年」は長い衣をまとい、帽子《シャプロン》をかぶり、棍棒を携え、老人は布にくるまって暖かくしている。

ところがフランス語写本九一四〇番（一〇一葉裏）の挿絵では、以上のような四期の表現の型を崩してしまっている。ここには六人の男が登場するが、人生の両端にある子どもと老人は並んでいる。高齢の「老年」が子どもの腕をつかんでいるから、この子はひとりで立てる年齢に達していないようにみえる。本当にこの子はひとりでは歩けないのだろうか？　子どもは緑色の長いローブを着ているが、帯を締めていない。履物をはき、頭髪は自然である。続いて「少年」は長いローブに帯をつけた子どもの姿で表わされ、金髪の頭に帽子はない。そして彼らのそばに大柄の「青年」がおり、画面の反対側には――つまり「幼年」と「老年」が中央にいる――「壮年」と「初老」がともに帽子をかぶり、話し込んでいる。

フランス語写本二一一八番（九五葉表）は人生の七期を登場させている。産衣を着て揺りかごに寝ている赤ん坊を表わした唯一の例であり、これが「幼年」の初期である。続いて別の子どもが裸足であんよ車を押している。この子は脇の開いた幅広の赤い長いローブを着ているが、帯を締めていない。その次に棒馬にまたがっている三番目の子どもがくるが、衣服は同じでも丈が短いのは成長したからである。二人とも「幼年」を表わしている。画面の中景に赤い長いローブを着た「少年」がおり、彼は帯を締め、頭に帽子をかぶっている。「青年」はプールポワンを着て、剣をはき、帽子をかぶっており、「壮年」と「初老」はいずれも椅子に腰掛けて話し込んでいる。このほか同書のフランス語訳（フランス国立図書館貴重本R三七六）にも同じような図がある。

フランス語写本一三五番（一九三葉表）の挿絵は以上の中間のタイプを示し、年齢層と教育という二つのテーマを巧みに組み合わせている。その情景は家庭内論争の場面となり、女性が登場している。ローブを着た子どもは父親に叱られているが、それは本文にあるとおり、七歳から十四歳の「少年」は〈道理をわきまえ、むちを恐れねばならぬ[27]〉年齢にあるからである。七人のうち五人は男で、彼らは人生の四期を表している。最年少は裸の赤ん坊で、母親の乳を吸っており、まだ服を着ていない。

子ども期を代表する「少年」は上述の通り打ちすえられている子である。この子は緑色の膝丈のローブに帯を締め、赤い靴下をつけ、履物をはいている。帽子はかぶっていない。「青年」は洒落た男で、帽子を手にもっている。「壮年」は父親として登場し、垂れのついた帽子《シャプロン》をかぶっている。いつもの老人の姿はないが、子どもの後ろで嘆き、神に加護を祈っているかのように天に手を差し伸べている人物がそうなのだろうか？

最後にフランス語写本二二五三二番の挿絵はまったく違った手法をとっている。ここでは挿絵を分割し、年齢層の説明のそれぞれに小さな挿絵をはさみ、女性は脇役ではなく、テーマを表わす人物として登場する。〈子ども〉の章には揺りかごに寝かされた赤ん坊が描かれ（八四葉表）、〈子ども期後半〉の「少年」は赤い長いローブに帯を締め、履物をはいた男の子（八四葉裏）、〈少女〉はかぶり物をつけていない女の子（八五葉表）、一方〈娘〉は同じ装いだが、黒い頭巾《コワフ》をかぶり（八五葉裏）、「青年」を表している。皆が赤い服を着ており、この色が子ども期に特徴的であることがわかる。母親と赤ん坊はさしずめ聖母マリアと幼子で、青を象徴的に着せられている（八五葉表裏）。

このようにバルトロメウス・アングリクスの『事物の属性の書』の諸写本では、赤と緑が子どもを表現するのにふさわしい色であると考えられている。とくに赤は基調色と言え、たとえ服が緑色でも靴下は赤い。ほかの写本では聖俗いずれでも子ども服の色彩が統一されることはないのに、バルトロメウスの諸写本では統一されているのは色彩の象徴的価値が認められているからである。子ども服を買える余裕のある人びとは実際、こうした勧めにしたがって色彩を選択したことが知られている。

これらのフランス国立図書館所蔵の『事物の属性の書』の七つの写本からはさらに、少なくとも図像において何が子どもの各時期に特徴的な服装であったのかがわかる。揺りかごの子どもをここではゼロ段階であるとみなしたが、この時期が誕生から始まることはもちろんであるとしても、産衣を着なくなるのがいったいいつなのかはわからない。しかし当時の医者の伝えるところによれば、よちよち歩きの長衣《ローブ》を着た子どもが、一歳になる前に産衣を脱いでしまうということはなかった。つまりローブの子どもは満一歳である。いいかえると一歳を過ぎても産衣を着ているということはない。また先の図で棒馬で遊んでいる子は七歳以下であることがわかっている。したがってこの子は一、二歳から七歳までのあいだにあるということになる。人生を四期に分けた場合の第一期にあたる、独楽を回す子どもについては、挿絵画家は「幼年期」の最後、つまり七歳前後、「少年期」のはじまりで、十四歳までの子ども期を表わそうとしたようにみえる。要するに各時期の境界が、バルトロメウス・アングリクスに人生の年代学をつくらせている。フランス語で〈子ども期〉enfanceといい、ラテン語で「少年期」pueritiaという世代に続く「青年期」adulescentiaは、当時のお洒落なモード、帽子、武具、あるいは鷹で象徴されることが多い。したがって「少年期」から「青年期」への移行の指標として、簡単な武装や短剣・長剣の携行が考えられるだろう。

　産衣／ローブの二分法のほかには、「幼年期」と「少年期」の衣服のあいだになにか重要な違いはないのだろうか？　あるとも言えるし、ないとも言える。まず棒馬遊びをしている子は一歳から七歳までの曖昧な年齢を表している。ところでこの子は、短めとはいえ弟と同じローブを着ているから、これを衣服の秩序に変化はないことの指標と解釈してもよいだろう。しかし四期に分けた場合の人生第一期の子ども、つまり独楽で遊ぶ子どもたちは、もはや同じ服装ではない。この期間に衣服は変化

I－16　年齢による子ども服の変化

している。したがって『事物の属性の書』の挿絵から次のようなことが指摘できる。すなわち○歳から一歳までは産衣である。一歳から七歳まではたっぷりとしたローブであるが、この期間は二つに分けられ、前半は長いローブ、後半はふくらはぎ丈の服で象徴される（図I―16）。ただしこの相違はとりたてて重視すべきものではなく、子どもが成長したためにたまたまそうなったのだと、つまり一歳から六歳まで同じ衣裳を着るのだが、丈は次第に短くなり、したがってゆったりしたローブを着ることはこの時期に属する子ども全体にあてはまるのだと考えたい。同様の視点にたてば、イタリアで子ども服に太い横縞のローブが流行したのも同じ事情によると考えられる。つまり子どもが成長し、衣服の丈が短くなってしまった場合には、色ものの布帯を一枚ずつ裾に足していくのが最も簡単な方法だからである。[28] そして七歳前後から十四歳までの「少年期」が終わる少し前に、長かろうが短かろうが子どもは大人の服に似た服を着るようになる。大きな変化は、それまでの年少時の服は身にゆったりとしていたのに対し、以後の服はぴったりとしたもので、帯をつけることである。またそれまでになかった履物と靴下がそなわるようになる。推測の域を出ないが、帯締めは子ども期の後半に属することのしるしとみなすことができるだろう。子どもは以後、大人と同様のような服装をすることになるが、しかし完全に同じというわけではない。大きな違いは帽子をかぶらないことで、逆に青年、壮年、老年は必ず帽子をかぶる。挿絵画家はしたがって「少年期」から「青年期」へ移る衣服の描き分けかたをわきまえているのである。

女の子の衣服については、青年期に達するまで『事物の属性の書』写本に表わされることはない。挿絵画家は七歳までは衣服による性の区別を考えないのが普通のようである。女性の衣服は〈少女〉pucelle という項目で初めて現われる。ジェルソンにしたがって〈少女期〉を七歳から十四歳までとすれば[29]、この時期の子どもに早くも襟刳りの大きな長いローブが使われている。同年代の男の子〈少年〉garçon も長いローブを着て、帯を締めているが、いずれも帽子や頭巾はかぶっていない。「青年期」までの若さの指標――そして特権――は、女の子でも男の子でも髪を自然のままにしていることである。

ジャン・ブーテイエの『田舎大全』の系統図［フランス語写本二〇二一番一五葉裏。著作は国王裁判所で司法官を務めた著者による、十四世紀のフランス北部の慣習法集成］もまた同様である（図I―17）。ここでは子どもが年代順に上から下へと梯子形にならんでおり、一番高い枝の上では、産衣を着た赤ん坊がベビーベッドに寝かされている。そして男の子は左から右へ、女の子は右から左へと服装が変化しているのがわかる。最年少の男の子はコットの上にローブを着て、靴下をはいており、二番目の男の子は長い

Ⅰ-17　年齢による貴族の子ども服の変化

コットを着け、靴をはき、風ぐるまで遊んでいる。「青年」にあたる三番目の子は高い縁なし帽《ボネ》をかぶり、切り込み飾りのついた上着《プールポワン》にプーレーヌ靴〔十五世紀に流行した、先の長く尖った靴〕といういでたちである。バルトロメウス・アングリクスの挿絵にもみられたように、年少者には靴をはく権利がなく、また「青年」をあらわす者だけが帽子をかぶることができる。次いで女の子のほうに目を移すと、一番目と二番目の子をくらべてみても細部の差はほとんどない。年少の子の衣服には飾りがなく、年長の子とは違い長い髪を結わずに垂らしている。したがって『事物の属性の書』と同じように〈少女〉と〈娘〉を区別しているわけである。乳児については男女間にまったく差はない。

『事物の属性の書』のケースとは分類が異なるが、子どもの年齢と衣服の関係がわかる例は他にもある。たとえば筆記用の石板で象徴される学齢――七歳以上――は、大人と同じ衣類――帽子《シャプロン》、靴下、履物、帯、巾着――を着けた子どもの姿で表される[30]。またゴリアトを倒したときのダヴィデが一体いくつだったのかはわからないが、聖書には、彼は〈エッサイの末の子〉であり、父の羊の世話をする年頃であったと書かれているので、やはり大人と同じ服装をさせられる。挿絵画家にとってダヴィデは七歳以下ではありえないのである。一般に写本は聖俗ともに、衣服の形態に関しては技法書から得られる情報をあらわしている。

最後に幼子イエスをとおして、子どもの成長にしたがう服装の〈年代学〉がわかる写本のあることに触れよう。たとえば先にみた『我が主イエスの生涯の瞑想録』は、産衣から半産衣へ、そしてコットへという変化を連続して描いている。半産衣をつけた幼子イエスが六か月年長の洗礼者ヨハネに出会ったとき、ヨハネはまだ歩くことができず、幅広のローブを着け、素足で母親の腕のなかにいる。

この邂逅の場面からわかることは、子どもは産衣と半産衣を着せられた後、一年以内にローブを与えられること、そして産衣をつける期間はきわめて短いということである。歩行前のイエスとヨハネは、いささか長すぎるローブを素肌に着せられているが、その後は床に届くほどの丈の、たっぷりとした子ども用ローブを着せられる。このローブは写本の頁を追うごとに短くなり、やがて帯が締められ、家事を楽々とこなせるほどに短くなり、最後は大人の服装となる。この写本は子ども服についてのちょっとした〈カタログ〉とも言え、イタリア風に格子縞の服と縞の縁なし帽《ボネ》というなりをした、みすぼらしい少年の姿も描きこまれている。

型紙と付属品

コットの下に着るシュミーズは白く薄い麻や亜麻布製で、これは毛織物の産衣に対してリンネルの布が果たしていたのと同じ役割を担っている。つまり肌が毛織物にじかに触れないように、また洗いにくい密な織りの毛織物に身体の汚れが付着しないようにしている。あまり裕福でない者たちが身に着けていた麻製のコットの場合は、比較的洗いやすかっただろう。洗濯可能なシュミーズはコットとほぼ同じ特徴をもち、ゆとりがあり、スリットが入っている。図像によればシュミーズは唯一の夏用の衣類で、素肌にじかにつけられた。要するに七歳未満の子どもには、このようなシュミーズ以外に下着はまったくみられない。ところで乳幼児の描かれる場面にはこと欠かないのだが、たとえば幼児が排便をする場面や尻叩きの場面などからは、前にスリットがあれば、からだを露出するには衣服の裾をたくしあげ、また用を足すには裾をまくるだけで充分であったことがわかる。

産衣の復元が可能だったように[31]、中世の子どものローブについても再現をしてみたくなるが、この試みは容易ではない。とくに仕立てなどの詳細がほとんど分からなくなってしまっているから、得られた結論も信頼をおくには足りず、完全なものとはいえない。それでもいくつかの図像から単純な型紙や様式の違いを明らかにすることはできるし、仮説をたて、復元が可能な場合もある。

シュミーズとローブの形態にはいくつか種類があるが、夏用のシュミーズとしては、胸の上に開きがあり、そこを二、三個のボタンで留めることのできるタイプ[32]が一般的である。十五世紀のドイツでは、襟から裾まで開き、襟のところをボタン一つで留めるか、あるいは襟と胸を一つずつ、二つのボタンで留めるかしたようで、腹と脚はむき出しである。このようなシュミーズは、玩具や棒馬、風ぐるまで遊ぶようになった子どもに、産衣に代わって着られ、ほかの西ヨーロッパ諸国やフランスには遅れて登場している。この種のシュミーズは肌を露出する[33]（図I―18）。

二歳から七歳までの子どもが着る単純な作りのコットやローブはどれも一見したところ同じ型をしているが、これに対し七歳以上の子どもの服には別の概念がみられる。つまり同じコットやローブでもこちらは身体にぴったりし、上から下まで開くことができ、紐締めにするか、まれには全部ボタン掛けにする[34]。したがって年少者の服が頭からかぶる形式であるのに対し、年長者の服は袖から通す形式である。しかし型や年齢層の如何にかかわらず、スカート部分の幅は広く、このゆとりはスリットを入れることによってさらに大きくなる。スリットはたいていは両脇に入れられたが（図I―19）、まれには臍の上に垂直に入れられることもあり[35]、これには衛生上の理由があると想像される[36]。文書資料は図像資料を裏付けてくれるが、たとえば一四〇八年に当時五歳であったシャルル七世のために作られたローブには、〈前と後ろと両脇にスリットが〉[37]入っていた。両脇のスリットは子どもが遊んだり走ったりする時に動きやすくさせ、前と後ろのスリットについては説明するまでもない。

スリットは襟にはときおり、両脇にはたいてい入れられたが、おそらく端まで縫うことのできないようなところもスリットとして残されたらしく、これらのことから型紙の典型がわかるだろう。両脇にスリットが入り、襟刳りが大きすぎてだぶだぶし、肩がむき出しになってしまうような単純な作りのコットやローブの場合、図I—20に示したように一枚の布から製作されたと想像できる。

I-18　素肌につけたシュミーズ

I-19　襟の開いたコット

この仮定によると、布を二つに折り畳んで前後の身頃をつくり、刳りぬくことで袖をかたちづくった場合、縫うのは腕の下と脇の上部のみということになる。これが簡単な家庭向きの製作法である。袖を縫い付けたり別仕立てにしたりしないので、写本挿絵が示しているように腕の下に皺がたくさんできるが、このような仕立てでは快適性のために袖は大きくならざるをえない。

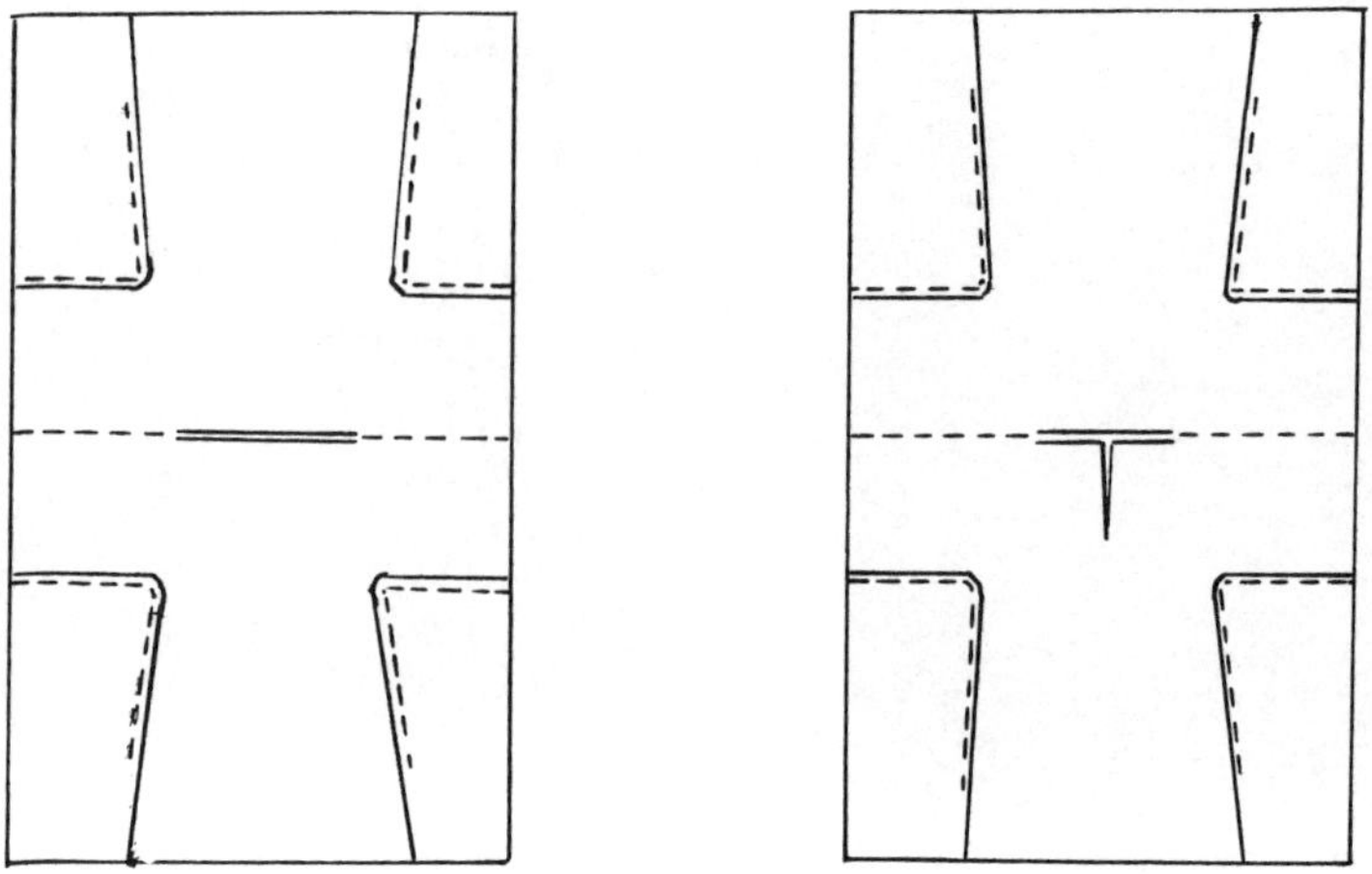

子どものシュミーズとローブの製作

———：裁ち切り線
＝＝＝＝：縫いしろ
--------：折りしろ

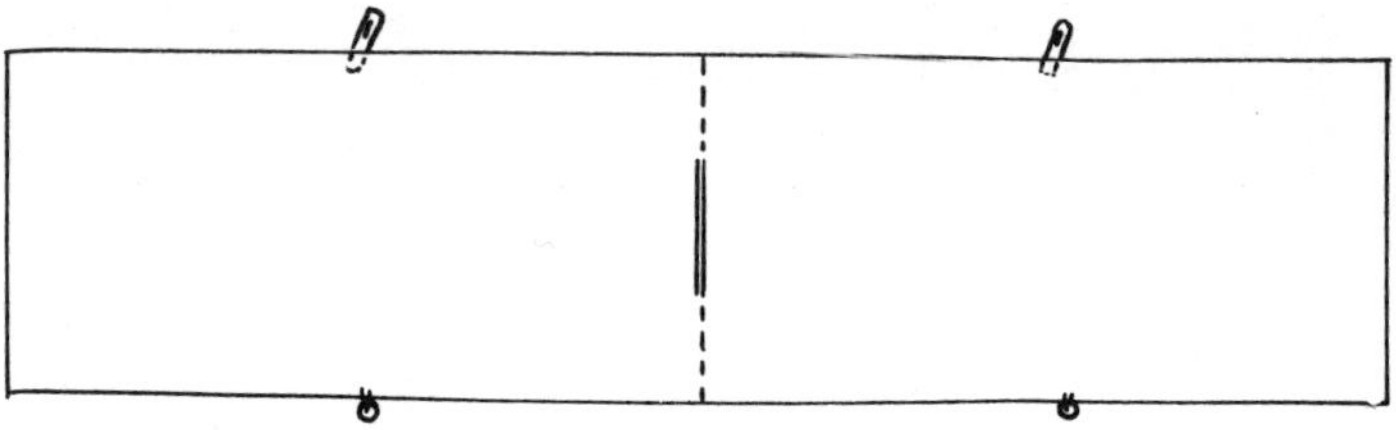

エプロンの製作

———：裁ち切り線
--------：折りしろ

I-20　シュミーズとローブとエプロンの製作

フランス国立図書館版画室に収められているファイト・シュトースの《室内の聖家族》[38]は、この仮説を裏付けてくれる（図I―21）。ここでは作りかけの子どものシュミーズもしくはローブが、二本の木の棒を十字形に交叉させて作った衣紋掛けに掛けられているが、それは一枚の布を二つに折って裁ち、襟刳りのみを補正して頸の前の部分を丸く開けている。服の下に縫い付けられた細い縁どりが、折り返しのへりの代わりをしているようにみえる。

胸の開きをボタンで開閉するか、または折り返しをつけるかした形式のものも、作るのはたしかに簡単である。

コットの上にはエプロンの類［いわゆる前掛けとは異なり、長い布の中央に穴を開け、頭を通して着る衣服。図I―20参照］がつけられることがあるが、これは司祭の僧服《スュルプリ》のようなかたちで、いっそう簡単な作りにみえる。あるいはイタリアの写本[39]にある幼子マリアのように、コットの上に袖なしのコットが着られる場合もある。フランス国立図書館蔵の『エティエンヌ・シュヴァリエの時禱書』[40]では、庭の四阿《あずまや》で貴族の子どもたちが散策する情景を描いた場面がエプロンをはっきりと示しているが、それは縦も横もローブをすっかり覆い隠すほどで、胴の位置でボタ

I‐21　シュミーズの製作

ン留めされている。またブリュッセル王立図書館蔵の『薬草の書』［サレルノの医師マテウス・プラテアリウスによって一一三〇—六〇年頃書かれた薬草の効能を説いた書。後年つくられた複数の写本には、薬草の図の他、当時の庶民の生活を偲ばせる挿絵もみられる］には大きなよだれ掛けとでもいったほうがいいような、幅の狭いエプロンがみられる。[41] この場合は、ボタンよりも帯や細紐で胴につけられることが多い。

　こうした子ども服に文書資料から知られる名称を当てはめるのは、乳児の産衣の場合よりはるかに難しい。たとえばアンジュー家の宮廷の子どもたちは、大人と同じ名称の〈ローブ〉や〈コット〉のほか、大人の衣服にはない〈ゴネル〉を着ている。[42] おそらくローブやコットは、先に述べてきたようなタイプなのであろうが、一方ゴネルは、写本挿絵に描かれている〈エプロン〉とみなしてよいのだろうか？　これこそ幼年期に特有の衣服であり、その形態を明らかにしてくれるのは、シュミーズやローブと同様、図像だけである。

　アンジュー家の資料には子ども服に特徴的な付属品が多く記載されている。ここには大人が着用することのないものとして、ゴネルのほかにオランダ製亜麻布の〈小さな襟《コルレット》〉、〈縁なし帽《ボネ》〉、〈頭巾《キャロット》〉が書き留められている。加えて、医学上〈護身〉という効能のある布製の珍しいアクセサリーもみられる。それは〈ビロードのようなお護り袋《ブレーヴェ》〉という布製の小袋で、図像例は少ないが、巾着のかたちをした、頸にかけるものであったらしい[43]（図I—22）。さらに手首に聖人の名を書きつけたリボンを結ぶことがあり、これには他の護符や宝石と同じく、夜の悪夢払いの効能があった。[44] ただしこれを描いた図は知られていない。

　幼児のボネに代わる帽子の類は、これまた特有の形態と色彩をもつ。帽子が写本挿絵に描かれることが少ないのは、描かれる場面が暑い季節であることが多いからだろう。しかし十五世紀の後半には、赤いフェルト製で、耳を隠さない一種のベレー帽が、子どもに特徴的なものとして広まったようである。このようなかぶり物に、アンジュー家の宮廷の子どもたちのボネやキャロットの面影を見てもよいのだろうか？　この二つの名のかぶり物の違いはかたちの違いにあるのだろう。キャロット calotte は古く男性用の頭巾を指した cale または caule という語の指小辞であるから、丸く、頭にぴったりとした一種の頭巾であることが知られている[45]。そしてボネは似たようなかたちだが、フェルト製でやや固めにつくられており、高さはそれほどでないにもかかわらず〈高帽子《オー・ボネ》〉と呼ばれていたもののことだろうか？　ジュベールが『民衆の誤謬』で、〈首のしゃんとしない者（子どもたち）には、頭を上げるのに慣れさせるため、帽子を目深にかぶらせねばならぬ[46]〉と言ったのは、こんな帽子のことだったのだろうか？　ここでは帽子は姿勢を保つ道具の一つでしかない。

　布製ではない付属品、たとえば革細工のようなものは、各種の資料から履物、帯、財布、巾着が知られる。

　子どもは早い時期から帯を締めるわけではない。子ども

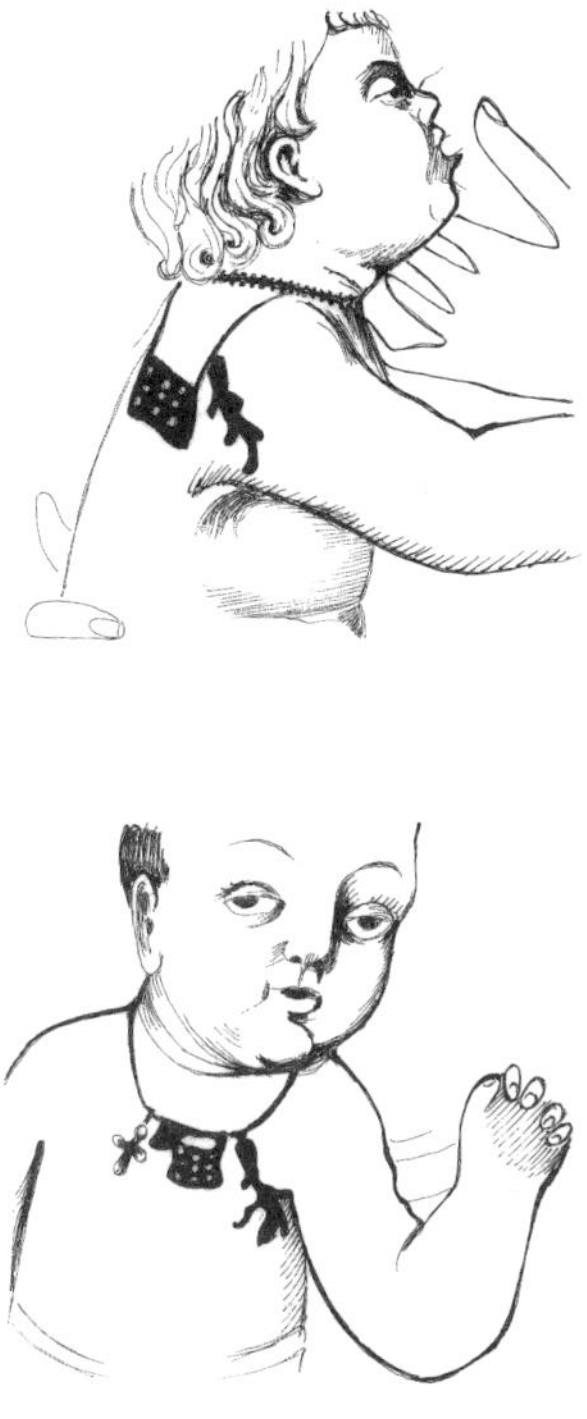

I-22a（上）、22b（下）　お護り袋

たちはゆったりとしたものを着て幼年期を過ごしたのち、帯をつけることになるが、それは非常にさりげなく、胴の位置のふくらみで辛うじてわかる程度である。しかも目に見えないこの帯は、一本の細い紐でしかないのであろう。大人と同じ革帯があらわれてくるのは、ようやく少年期においてである。

　詳細なある衣裳目録によると、これらの帯は厳密にいえば大人のものと同じではない。それが子ども用と判断されるのは寸法のせいではなく、むしろ別の理由による。たとえばフィリップ・ウォルフが引用している巾着職人ジャック・ド・ラヴァルの在庫目録には[47]〈赤か黒の、子ども用小帯六ダース〉、それにベルト付きの赤か黒の子ども用〈巾着《ボッシュ》〉、すなわち〈ベルト付きの赤い子ども用巾着十個。同じく、大きな留め金のあるベルト付きの黒い巾着二個〉、さらに子ども用の刺繍入りの黒い革袋が記載されている。子ども用の革の付属品が赤や黒であり、病気予防の護符と同じ色である[48]というのは興味深い事実であり、このことは図像だけではわかりにくい。図像からは部分的な情報しか得られず、しかも黒い帯や巾着といったおそらく最も高価なものについてしか知ることができないからである。とはいえ着用者の年齢層ぐらいはわかる。

　図像において履物は、ローブを着て、ひとりで外へ出られる年齢の子どもに固有のものである。家のなかを描いた場面には履物をつけた子どもの姿はまずみられない。ということは、節約を考えて履物は屋外専用とされたのだろうか？　かたちとサイズを明らかにできる考古学をもってしても、赤ん坊の〈靴〉を見つけることはできないから、歩けるようになるまで靴は履かれなかったのだろう。子どもに初めて靴を履かせる年齢については、発掘遺品による子どもの履物の類型学的研究や、サイズの体系的調査に任せることとして、ここでは触れないことにしよう。子どもの履物は足になじむ柔らかいものがよく、医者たちは子どもにきつい靴を履かせないようにと注意している[49]。そこで十四・十五世紀には履きやすいように前に切り込みを入れ、靴と同じ革の紐でくるぶしのところを縛る深靴がよくみられる。図像資料と考古学資料、そして子ども用の〈傷んだ靴〉というような記載を含む文書資料から、子どもから大人に移行していく際の服装を決定する一つの指標のようなものが見えてくる。

幼い子どもは靴下をはいて、履物をはいたのか、それともじか履きだったのか？〈風邪をひいた子どもの足の裏に羊毛屑と麻屑をあてがうと、どのように効果的か？〉と、病気のときに断熱効果のあるものを用いたことを述べているのは、中世末期の文書一つしかない。発掘されるような履物の上等の革は、実際には保温力や透水性の点で悪天候に弱いということを示している[50]。

フィリップ・アリエスが述べたように、産衣から解放されたばかりの子どもは、さしずめ小さな大人のような服装をするとよく言われてきた[51]。しかしそうではなく、中世の子どもを描いた数多くの図像から子ども服の格付け《ヒエラルキー》が見えてくるということは、以上に示したとおりである。この格付けはたしかに着装の仕方、付属品、色彩という非常に些細なことを拠りどころにしている。しかし、こういった細かい事柄こそが子ども期の年齢階層を識別させ、また中世の人びとの眼に映ったのと同じように我々の眼にもそれを強く焼き付ける。

かくして子ども期の生物学的な年齢にみあった服装は存在した。子どもも一歳になると大人のようにコットを着たのはたしかであるが、まだ裸足で、七歳になるまでは革帯も（表からは見えない細紐を除き）巾着も帽子も身につけることはなかった。アンジュー家の宮廷の子弟は、大人の所持することのない服をもっていたが、これは子ども服が真に固有なものであることの証《あかし》である。最初の二、三年は子ども服は〈単調な《メカニック》〉変化を示すが、それは要するにコットが短くなるだけであり、その後は実用性のために帯がつけられ、機能的に変化する。両性が区別され、学業や農作業に従事することは、自立を意味すると同時に、活動が自由になり、そして社会生活に適応していくことでもあるのだが、これによって子どもは、実用性と感性が重なりあう大人と同じものを着るようになる。

註

（1）たとえば、Paris, B.N.F., Ms. N.A.L. 392, f.141v.; Ms. Lat. 886, f.336

（2）Paris, B.N.F., Ms. Fr. 9608, f.20,『神学論叢』十五世紀

（3）アントニオ・ディ・ビアージョ《聖母子と二天使》、個人蔵（Gordon Fraser Fine Arts, Bedford, England）

（4）Marie-Christine Pouchelle, *Corps et chirurgie à l'apogée du Moyen Age*, Flammarion, Paris, 1986, p. 109

（5）Raimond Lulle, *Doctrine d'enfant*, texte établi par Armand Llinarès, Klincksieck, Paris, 1969, p.123

（6）マンテーニャ《聖母子》インク、リヨン美術館

（7）シャンティイ、コンデ美術館、Ms. 1695, f.15

（8）Paris, B.N.F., Ms. Lat. 886, f.336,『万人のための時禱書』十五世紀末

（9）Piero Torriti, *Il Pellegrinaio nello Spedale di Santa Maria della Scala a Siena*, Lions Club siena, Siena, 1987, p.87

（10）Paris, B.N.F., Ms. Fr. 9584, f.6,『人類救済の鏡』十四世紀

（11）ドナテッロ《座る聖母子》、テラコッタ、十五世紀の第三四半期、ヴィクトリア&アルバート美術館、inv. no.57. 1867

（12）アントニオ・ディ・ビアージョ《聖母子と二天使》

（13）Paris, B.N.F., Ms. Italien 115,『我が主イエスの生涯の瞑想録』十四世紀

（14）Paris, B.N.F., Ms. Fr. 22532, f.201,『事物の属性の書』十五世紀の写本

（15）Paris, B.N.F., Ms. Fr. 12323,『健康療法』十四世紀

（16）Laurent Joubert, *Erreurs populaires*, Paris, 1578, p.422

（17）*Ibid.*, p.307, no.151

（18）*Ibid.*, p.305

（19）Emile Roy, «Un régime de santé pour les petits enfants et l'hygiène de Gargantua», *Mélanges Emile Picot*, Paris, 1913; Valenciennes Bibl. mun., Ms. 776, f.92

（20）M.-C. Pouchelle, *op.cit.*, p.58, notes 28–29

（21）L. Joubert, *op.cit.*, p.303, no. 130

（22）*Ibid.*, p.304, no.139

（23）Paris, Bibl. de l'Arsenal, Ms. 433, f.63

（24）Paris, B.N.F., Ms. Italien 115, f.35v.-36

（25）Marie-Thérèse Lorcin, «Vieillesse et vieillissement vus par les médecins du Moyen Age», *Bull. du Centre d'hist. économique et sociale de la région lyonnaise*, no. 4, 1983, pp.5–22

（26）Paris, B.N.F., Ms. Fr. 22533, f.84v.,『事物の属性の書』十五世紀の写本

（27）Paris, B.N.F., Ms. Fr. 135, f.193,『事物の属性の書』

（28）シモーネ・マルティーニ《福者アゴスティーノ・ノヴェッロの奇蹟》、シエーナ、サン・タゴスティーノ教会。この仮説を御教示くださったフランソワーズ・ピポニエ氏に謝意を表したい。

(29) M.-T. Lorcin, *op.cit.*, p.15

(30) Paris, B.N.F., Ms. Fr. 20320, f.177v.,『ウァレリウス・マクシームス』十四世紀

(31) Danièle Alexandre-Bidon et Monique Closson, *L'enfant à l'ombre des cathèdrales*, P.U.L.-C.N.R.S., 1985, p.96

(32) Paris, B.N.F., Ms. Allemand 124 の表紙裏に、十五世紀になって付けられた版画。

(33) Paris, B.N.F., Ms. Fr. 22971, f.41v.

(34) Paris, B.N.F., Ms. Fr. 9199, f.54v.,『聖母の奇蹟』十五世紀

(35) 《聖女ドロテアと幼子イエス》木版画、Paris, B.N.F., Est.

(36) Bruxelles, Bibl. royale Albert-Ier, Ms II 158. シモン・ベニング『ヘネシーの時禱書』一月の図、ブリュッヘ、一五三〇年頃。

(37) Victor Gay et Henri Stein, *Glossaire archéologique du Moyen Age et de la Renaissance*, Paris, 1887–1928, p.42, Huque の項。

(38) ファイト・シュトース《室内の聖家族》、Paris, B.N.F., Est. Ec N 446

(39) Paris, B.N.F., Ms. Fr. 115, f.6

(40) Paris, B.N.F., Ms. Lat. 1416

(41) Bruxelles, Bibl. royale Albert-Ier, Codex Bruxellensis IV. 1024, f.200v.

(42) Françoise Piponnier, *Costume et vie sociale: la cour d'Anjou aux XIVe et XVe siècles*, Mouton, Paris, 1970, pp.180–181

(43) *Una farmacia preindustriale in Valdesa*, Città di San Gimignano, 1987, p.171

(44) Emile Mâle, *L'art religieux en France au XIIIe siècle* (1948), Livre de poche, Paris, 1988, p.502

(45) たとえば、《Le costume paysan à la fin du Moyen Age》, *Costume-Coutume*, 民俗芸術・伝統美術館 (Musée National des Arts et Traditions Populaires) 五十周年展覧会カタログ、於グラン・パレ、一九八七年三―

六月、 p.57, no.11 を参照。

(46) L. Joubert, *op.cit.*, p.307, no. 151

(47) Philippe Wolff, *Commerces et marchands dans le Toulousain* (*vers 1350–vers 1450*), Plon, Paris, 1954, p. 275

(48) D. Alexandre-Bidon, «La dent et le corail», *Razo, cahiers du centre d'études médiévales de Nice*, no.7, 1987, pp. 5-35

(49) E. Roy, *op.cit.*

(50) L. Joubert, *op.cit.*, p.324

(51) Philippe Ariès, *L'enfant et la vie familiale sous l'Ancien Régime*, Seuil, Paris, 1973, p. 42（邦訳『〈子供〉の誕生——アンシアン・レジーム期の子供と家族生活』杉山光信・恵美子訳　みすず書房　一九八〇年）。根拠のない彼の説を以下に引用する。〈当時の習俗のなかで服装は、いかに子ども世代がこれといった特徴をもたなかったかということを物語っている。子どもは産衣を脱ぎ捨てると（…）、自分の属する身分の大人の男や女たちと同じものを着たのであった。こういった区別のない状況を想像することは我々には難しい（…）。中世は、服装によって社会的階層《ヒエラルキー》の差異を視覚化しようとするのにこだわるだけで、すべての年齢層に異なった恰好をさせることはなかった。服装にあっては、大人も子どももなかった〉。我々としては反対に子ども世代の各年齢層のあいだには、はっきりとした区別《ヒエラルキー》があったと考える。ここでは華やかさも見栄えのよさもさして重要なことではなかった。

以上に記した以外の文献

Danièle Alexandre-Bidon,
«Le tissu et l'enfant au Moyen Age», *Textile-arts*, no. spécial, juin, 1985, pp.72-76
«Le vêtement de la prime enfance à la fin du Moyen Age: usages, façons, doctrines», *Ethnologie française*,

t. 16, 1986, no. 3, pp.249-260

«Puériculture et sentiment de l'enfance dans l'Italie des XIVe et XVe s.: l'exemple du *Decameron*», *Chroniques italiennes*, 9, 1987, pp. 1-65

Christiane Klapisch,

«L'enfance en Toscane au début du XVe siècle», *Annales de Démographie Historique*, 1973, pp. 99-122

«Parents de sang, parents de lait : la mise en nourrice à Florence (1300-1530)», *A.D.H.*, 1983, pp. 33-64

フランソワーズ・ピポニエ

生活の白布・身体の白布——ブルゴーニュ地方の財産目録から

Ⅱ 生活

　リンネル製品の起源をたどるのは容易なことではない。素材となるものが考古学の土壌のなかでもっとも消滅しやすいものの一つだからである。リンネル（linge）ということばを生んだ亜麻（lin）は石器時代の末期から存在が確かめられているが、この繊細な繊維と、これより質の劣る麻を問題にするなら、考古学者はせいぜいこれら植物起源の布の断片を提供することしかできない。したがって亜麻布や麻布の製品について言及するには図像表現に頼らざるをえない。身につけるリンネル製品の使用も、その他の生活のリンネル製品の使用も、おそらく古代にさかのぼることができるだろう。専門家によれば亜麻布の織物技術に一番早く熟達したのはエジプトであったという。

　亜麻や麻の布は織りが密であれ粗悪であれ、古代エジプト人の服飾の重要な素材であったが、身にまとうリンネル製品の誕生について初めて語ることができるのは、古代ギリシャ・ローマ時代に北方の伝統を受け継いで毛織物の衣服を同時に着ることになり、その下に着るものとして下着が製作されたときからである。このころの図像には、食事の際に食卓を汚れから守る亜麻や麻の掛け布が見られる。そして入浴習慣が普及すると亜麻や麻の布は欠かせないものとなり、古代ギリシャ世界に入浴や食事に関わる布の類が存在したことは図像からわかっている。

　中世末期になれば詳細な文献によって、はるかに正確に理解することができるようになるが、身体のリンネル製品と生活のリンネル製品にはそれまでに長い歴史があったのである。中世末期の死後財産目録は、まさに日常の家庭生活における敷布やテーブル掛け、ナプキンや手拭いの類、あるいは下着などの存在を記している。ブルゴーニュ地方には数百の目録からなる一連の文書が今日に残されているが、それは主に十四世紀については農村、十五世紀についてはディジョン市とその郊外に関するものである。[1] そこには貧しい農民や乞食から富裕な町人《ブルジョア》やブルゴーニュ公の宮廷の大貴族まで、あらゆる社会階層が登場する。膨大な資料の統計的処理はコンピューターを使わなければ考えられないことである。とはいいながら、情報処理が進歩したにもかかわらず統計表は未だに試みでさえもなされていない。数週間あればすむことだろうが、ここでは全資料のうち調査された四分の一ほどについて、古典的な分析をするにとどまらざるをえない。しかし分析の結果からは、中世末期のブルゴーニュ地方で使われたリンネル製品の性格と、種々の社会階層への普及とがはっきりとわかる。[2]

1 資料の限界

最初に一つの問題を呈示しよう。すなわち財産目録はリンネル製品の調査にとって完璧な資料の一つと考えてよいのかどうか、この点に関しての信頼度はどのくらいかということである。

配偶者が生きていれば配偶者に相続された後に、または配偶者と未成年の子どもとのあいだで分割相続された後に、故人の財産リストが作成されることは農村でも都市でもしばしばあることだった。後者の事例はディジョンにかなり多く、証書の大部分は未成年者の両親の死亡時に作成されている。ディジョンの財産目録の場合は事実が明確に記されているが、農民の財産目録や売却証書の場合は記載ははるかに簡略で、疑問が残ることも少なくない。

さらにここで使おうとしている資料は、ものとしても、さまざまのレヴェルで不完全である。羊皮紙や紙には穴があき、欄外は湿気に蝕まれ、鼠に噛られ、ウッド光線の明りのもとでも読めない箇所がある。もっとも大量に残されているディジョンの財産目録は大方は小さなノート型で、各頁がていねいに集められ綴られているが、それらのなかには頁の抜けてしまったものもある。また目録のなかにはばらばらになって抜け落ちたままの紙片の束で再構成されたり、抜け落ちた紙片がいくつかの束にまたがったものさえある。断片として残されている文書の記載は、それがどんなに興味深いものでも作成の方法と保存の状態という理由から、ものの描写という段階でしか扱えないし、さらにこのような資料は入念な統計処理による一切の試みから除外されねばならないだろう。

理屈の上では完璧といえる財産目録にも、リンネル製品をまったく含まないもの、含んでいてもきわめてわずかしか含まないものも数多くある。ただし、木とか柳とか焼物とかでできた付属品が価値がないという理由で文書に書き落とされるというようなことは、リンネル製品の場合にはありえない。売却と価格査定の記録によれば、少なくとも下着類を除けば、リンネル製品は家財投資のなかで大きな割合を占めているからで、このことはたいそう富裕な家でも、穴があき破けた敷布やテーブル掛け、ナプキンや手拭いをていねいにリストアップしていることから確かである。

衣類以外のリンネル製品に関してときにみられることだが、極度の貧困をおもわせるような文書がある。それは目録の当事者がリンネル製品を使っていても、それを所有しているわけではないという場合である。つまりリンネル製品は家具付き住居の賃貸人に提供されることがある。たとえばユダヤ人ピエレに台所付きの四部屋の家を貸した家主は、自分の所有する家財を注意深く公証人に示しているが、それは箱、長椅子、テーブル、椅子、寝台、それに寝台に備えてあるマットレスと敷布である。[3]

故人がリンネル製品を所有していたとしても、これがさまざまの理由で相続から抜け落ちてしまうことがある。ただしリンネル製の衣類が部分的であれ一切であれ消えてしまうのは葬儀の慣習のせいばかりではない。遺体は埋葬に際し着衣の状態であることはないからで、単に遺体用の布に包まれるだけだからである。そこで遺体には亜麻や麻の大きな布が必要になる。ある農民の財産目録には、ある女がもっていたマットレス用の二枚の古い布のうち一枚を埋葬時に用いたことがはっきり述べられている。[4] ボーヌでは寝台に使う二枚の敷布が故人の埋葬に使われている。この種の記載は財産目録のなかでは例外的であるが、同時代の図像はどれをとってもこのような埋葬のあり方を示している。おそらくあまりに月並であるため、文書の作成者は記載の必要性を感じなかったのだろう。家庭の衣装箱からいつのまにか消えてしまうものが記載に漏れることはもちろんである。

さらに故人の所蔵したある種の品が、慈善のための遺贈の慣習によって抜け落ちてしまうこともときにはある。遺贈品は我々の資料のなかでは、とくに衣服が多い。それらの目録が作成されることはいつの時代にもほとんどなく、作成者はそれらが〈神に与えられた〉と記すだけである。[5] 施物として差し出されたさまざまな衣類のリストのなかにはリンネル製品が含まれていることがあり、たとえばジャン・リルキュイの妻ジャンヌは〈女物の下着《シュミーズ》四着〉[6]を、ジャン・ジャスの妻チエルセーヌは〈古い下着《シュミーズ》〉[7]を遺贈品に含めている。下着類だけが提供される場合には、ほかの品と違い価格を査定されることがない。[8]

一三三九年に作成されたボーヌの居酒屋の財産目録は、保存されている目録のなかでもっとも古いものに属するが、死後行われるこの慈善でだれが恩恵を受けるのかを示している。すなわち〈男物の衣類《ドラ・ランジュ》六組〉が〈貧民に与え〉られ、[9] 同じく寝台と敷布が〈ブルヌッフ門〉と〈シャロン門〉の二軒の〈神の家〉すなわち病院に与えられている。二軒のそれぞれがマットレスを一枚、クッションを一つ、寝台のカーテンを二枚、それに敷布を二枚受け取っている。

そして財産の一部が故人の負債の支払いに使われることもある。それは死亡する以前に生じていた負債のことも、また死の床についたときに生じた負債のこともあるが、葬儀で生じた負債である場合がもっとも多い。埋葬の費用の支払いとしてリンネル製品を渡したことをはっきりと伝える記録は知られていないが、故人の所有した衣類をまとめて指し示す〈彼の衣裳一式《ローブ》〉〈彼の遺品〉ということばで、それが葬儀に関わる費用の支払いのために当地の司祭に渡されたと記す記録に出会うことはたびたびである。[10]

ブルゴーニュ公領の農村では財産を譲り渡す権利をもたない農奴や私生児などの場合、相続権のあるブルゴーニュ公があらかじめ取得し、その後に売却されたことを示す財産目録がある。たとえば、寝台の敷布が〈公の葡萄園で働く者が寝るときに使うように納屋に運ばれた〉という記録がある。[11]

ブルゴーニュ公領の城主館やバイイ裁判所管区の帳簿にたまたま記されたこうした行為は、たぶん記録された以上に頻繁であったと考えてよい。目録作成と売却以前にリンネル製の衣類のかなりの部分が抜け落ちてしまうことは、以上の説明で充分であろう。ただしその他のリンネル製品が抜け落ちてしまうことは、はるかに少なかったようである。

2　リンネル製品には何があるか？

衣類としてのリンネルの利用は、下着のほか、その上に装着する前掛けや上っ張り《スュルプリ》、かぶり物の四角い布などを考慮に入れるとしてもそう多くはない。都市部でもっとも記載の多いリンネル製品は、

〈couvrechef〉もしくは〈couvretête〉ということばで記されるかぶり物の布である。当時の図像からはこの布を、女性は頭の上にさまざまにひだを寄せて昼も夜もかぶり、男性はナイトキャップとして夜に用いていたことがわかる。[12] 前者の〈クーヴルシェフ〉の語は農民の財産目録には記載の頻度が小さく、素材は麻に限られているが、ディジョンの記録では内容がかなり丁寧に記されている。麻とほぼ同じくらいに亜麻が素材として記されているほか、一オーヌもしくは一・五オーヌという寸法［一オーヌの長さは地域により異なる。パリでは一・一八八メートルだが、フランス北部・フランドル地方では〇・六六から〇・七三メートル。ブルゴーニュ地方では両者の可能性がある］、さらに単価が記されていることもある。〈麻のクーヴルシェフ〉は〇・五スーから二スーで［スーは貨幣単位で十二ドゥニエにあたる。一ドゥニエは、大人一人が一日に消費するパンの値段にほぼ相当する］、値の高いものは寸法が大きい。詳細は不明だが、亜麻の〈クーヴルシェフ〉は一枚につき三スーである。

〈女物のコワフ〉数枚、〈女物のビオード〉一着、〈平織布のドゥヴァンシエ〉一枚、そして〈亜麻布のドゥブレ〉一着、これらはそれぞれ一つの財産目録にしか例がなく、しかもいずれも都市の記録である。現代語に置き換えてみれば順に、頭巾、上っ張り、前掛け、たっぷりした下着[13]ということであり、都市の生活の余裕が衣服に少なからぬ種類をもたらしたことのちょっとした証拠である。

農村でもディジョンの町と同じように、肌にじかに着ける下着には性の区別がある。女性の場合は毛織物の衣服の下にはシュミーズしか着ることはない。そのかたち、とくに長さが男のシュミーズと異なることは、記録が〈男物〉あるいは〈女物〉と区別することが多いので確かである。ここで調査した記録には素材も単価も記されることはない。ズボン型の下着は男性の使用に限られ、さまざまな

Ⅱ-1　模様付きの布でできた敷布と枕カバー

呼称で登場する。一番多いことばは〈リンネルの衣類《ドラ・ランジュ》〉、〈男物の衣類《ドラ》〉、〈男物のリンネルの衣類《ドラ・ランジュ》〉、あるいは〈draps vestours〉で、現実には同じ衣服を指しているはずで、短いズボン型の下着であることは十五世紀の図像から確かである。一方〈ブレー〉という呼称ははるかに言及が少ないが、これはおそらく長ズボン型の簡単な下着にあたるのだろう。〈男物の衣類〉が亜麻布というまことに贅沢な素材で仕立てられているという記載が二度出てくるが、ブルゴーニュ公御用達の仕立て屋と公の元料理人という富裕な人物にあっては驚くことではない。

下着等のリンネル製品にくらべればその他のリンネル製品ははるかに頻繁に財産目録に登場し、量においても価格においても比較にならないほど目録の大きな部分を占めている。〈日々の糧を探す〉貧乏人の目録にも敷布はあり、どんなに粗末であっても敷布のない寝台というのは十四・十五世紀には考えられない（図Ⅱ—1）。ディジョン市とブルゴーニュ公領の南東部一帯では敷布は〈linceul〉と呼ばれている。〈寝台用布《ドラ》〉ということばはブルゴーニュ公領の北部と西部、とくにモンバールとモンレアルの周辺で使われているだけである。敷布に関する情報は割合に変化に富んでいる。非常によく使いこまれた様子が

〈みすぼらしい〉〈とるにたらない〉〈古くなった〉あるいは〈古くなって穴のあいた〉などさまざまな形容詞で表わされていることがあり、これらの表現は〈充分な〉〈新しい〉〈真新しい〉など状態が良いことを表わすことばよりもはるかに多い。敷布の幅は一・五幅《レ》から二幅、二・五幅、三幅までの種類があり［レは布地の織幅を指し、その寸法は不明］、例外として四幅もある。織物職人が必ずしも同じ幅の布を作るわけではなかったとはいえ、大きさに種類があることから夜具は非常に多様であったことがわかる。農民の目録にはせいぜい一・五から二・五幅の敷布しかない。敷布のなかには〈ひっくり返された〉と記されているものがあるが、これは比較的幅の狭い布を平行に並べ、へりを縫い合わせて敷布を作るという方法で説明がつくだろう。敷布の中央部がすりきれると、真ん中の縫目をほどき、外側のへりを縫い合わせることにより外側の部分が中央部に置き換えられ、こうしてすっかり摩耗するまで使われるのである。

農村では敷布の素材が明示されることはけっしてない。ディジョンでは二つの例外を除けば、同じ目録のなかで麻と亜麻が隣り合せたときにだけ素材が記される。亜麻布の記載があるのは六軒のみで、めったに使用されなかったことと、麻布とのあいだには価格差があったことを考えれば、亜麻布製という言及はいつも記録の作成者によってなされたようにおもわれる。したがってそのほかの場合は麻布が問題になっていると考えてよいだろう。亜麻布の贅沢な敷布もまた大きさは多様である。二幅《レ》のものは、幅が記されているもののなかに一例しかなく、一番多い寸法は三幅で、四幅に達しているものもある。価格は記されなかったり、記されていても麻製品と亜麻製品を含むひと揃いの値段であったりして、比較はしにくい。一三九七年から一四〇〇年の間で比較するなら、麻布の小さな布で一枚

Ⅱ-2　食卓と食器台をおおう色縞付きのテーブル掛け

二グロ［グロは十三世紀以来、国際的に流通する貨幣。同じ頃のペリゴール地方で一日の農作業に一ないし二グロを給金として与えたという記録がある］、大きな布で三グロであるのに対し、亜麻布は九グロから一八グロのあいだである。

食卓用のリンネル製品（図II―2）に関する言及は、記載のある目録の数にしても、数え挙げられている品数にしても、敷布にくらべるとはるかに少ない。ディジョンではもっぱらnappeということばが使われているのに対し、農村ではこの語は二回しか使われておらず、代わりにブルゴーニュ地方のことばでテーブルを意味する語〈taule〉から派生した〈tauler〉という語が使われることが多い。ていねいな記載を含むディジョンの目録にこの二つのことばが同時に出てくることがあるから、用語の違いは目に見えるかたちの違いに対応するとおもわれるものの、今のところこれに答を出すことはできない。これらの語は農村の目録一五四のうちの二二に記されているだけだが、驚くにはあたらない。十四世紀のブルゴーニュの農村部ではテーブルは未だそれほど普及した家財道具ではなかったからである。

II−3　水差し吊るしに掛けられた手拭いと無地のテーブル掛け

十四世紀の記録に〈二重のテーブル掛け《タゥレ》〉と〈一重のテーブル掛け《タゥレ》〉を並べて記しているものがあり、(14) このことからテーブルを二重に覆うこともあったことがわかる。十五世紀に宮廷の作法をまとめたある編者は、この種の食卓布の使用を下級貴族に禁じている。(15) よく登場するのは三オーヌから四オーヌの長さの並みの価格のものだが、二オーヌから六オーヌまで長さに種類があることは、おそらく二重に使うことがよくあったためであろう。敷布の品質を語るときと同じく〈古くなった〉〈とるにたらない〉あるいは〈穴のあいた〉といった形容詞からは、予備のテーブル掛けが決して上等ではなかったことがわかる。

Ⅱ－4　横木にかけられた複雑な模様の手拭い

亜麻布は都市にあるわずか五軒の家で使われているだけである。単価は麻布のテーブル掛けで一グロ弱、亜麻布のテーブル掛けで四グロと五グロのあいだである。

ナプキンや手拭いの布類（図Ⅱ－3）を示すことばには〈touaille〉と〈tergeure〉の二つがある。前者は農村で、後者はディジョンで多く使われているが、前者の語をよく使う農村の財産目録の方が古いことに注意しておく必要がある。二つのことばを同時に記している目録は都市に四つ、農村に三つあり、したがって当時の人びとがかならずしも両者を混同していたわけではないようである。

〈祭壇用の亜麻の布《トゥアイユ》が三枚〉という記載は例外で[16]、これらの語に関して用途が明示されることはけっしてない。亜麻布のテーブル掛けを所持していたディジョンの数軒の家では一・二五オーヌから一・五オーヌの小さな亜麻布の〈手拭い《テルグール》〉を所持しているが、これは寸法と素材から食卓用ナプキンと思われ、同じ寸法の麻布もまた同じ用途のものであろう。とはいえこの時代には各種のリンネル製品の役割は今日のように専門化されてはいなかったにちがいなく、また少なくとも富裕な家では手を洗うことが食事の作法として定着していた。

農村の記録のなかには列挙された〈手拭い〉が〈無地〉であることを示しているものがいくつかある。このことは「逆に」模様のついた布地や織文のある布地、あるいは色糸で織った布地を使用する場合があったことをおもわせ、実際そうした事実は知られているものの[17]（図Ⅱ－4）、我々の記録にはそのような記述はまったくない。ナプキンや手拭いの類の寸法でもっとも多いのは、農村では二オーヌから三オーヌである。都市ではさまざまな寸法があり、一・二五オーヌから一・五オーヌの〈小さな手拭い《テルグール》〉の一方で、三オーヌから四オーヌの長さのものや、まれには五オーヌのものもある。

財産目録からは、リンネル製品には本来の使用法とは違った利用のされ方があったことがわかる。話は寝台の敷布にもどるが、まず梱包としての用途がある。ある商家では一枚の敷布が〈二百個の台付大杯〉の在庫をくるんでおくために使われ、別の一枚が自身の衣裳を包んでおくために、そして第三の布が寝台の天蓋として使用されている。[18] この三番目の利用の仕方はほかの家でもみられ、たいていは〈背もたれ《ドシエ》〉、すなわち寝台の背もたれや、枕元の横木に掛ける布として利用されている。明示されているわけではないが、記録のなかで出会った唯一の色ものの黒い布は、こんな使われ方をしたのではないかと想像される。ほかにもリンネル製品はものをくるむのに使われているが、とくに箱に入れて整理するときに用いられ、たとえばロウソクが食卓布に包まれて収められている。[19] 麻をまとめておくのにシュミーズを使ったり、[20] 紡ぐ前の羊毛をまとめておくためにパンツを使ったりするのは[21]少々意外である。

〈食卓布《ナップ》〉で作った古いクルティヌ（寝台用カーテン）という記載は、使い古したテーブル掛けを使ってカーテンを作ったということではなく、テーブル掛け用の模様のある布がカーテンの製作に使われたということであろう。

3　中世の衣装箱

ブルゴーニュ地方に残された記録をコンピューターで処理しようと考えるのは、財産目録の型、というよりさまざまな社会階層のそれぞれが享受した動産の目録の型を明らかにしたいという野心が一つにはあるからである。その結果が得られるのは、時間をかけた入念な作業があってからのことだろう。とりあえずここではできるだけ完全な記録からいくつかを選び、個人の財産模様の特色を描き、家庭のリンネル製品がどのように構成されているのかをみておこう。

社会階層の底辺には農村の貧困層があるが、ここに属するアリス・グリオは〈みすぼらしい敷布〉が一枚、一幅《レ》半のもう一枚の敷布、それに〈女物の古くなった下着《シュミーズ》一着〉しかもたず、代えはない(22)。モワンジャール・タントの場合もまったく同じで、一枚の敷布、もう一枚の敷布用の平織布、一着の下着、それに麻の〈頭被い《クーヴルシェフ》〉の記載しかない(23)。村の女たちが皆このようにリンネル製品に乏しいわけではない。ジャネット・ラゴルジュは二着の古くなった下着、同じく古くなった五枚の小さな敷布、それに一枚の〈手拭い《トゥアイユ》〉を所持し(24)、リルキュイの妻ジャンヌは、新旧とりまぜて七枚の敷布、二枚の小さな手拭い、それに四着の女物の下着を所持している。これだけの数を所有することにより、二人の生活スタイルと衛生は明らかに良好なものになっている。

衣装箱のリストに食卓用のリンネル製品が現われると、その他の中味にあまり変化がなくても格が一つ上がったことになる。たとえばペラン・ルゲドゥニエの義理の姉（妹）アリスの家には、〈充分な〉敷布が六枚、状態の悪い敷布が二枚、〈テーブル掛け《タゥレ》〉が一枚、手拭い《トゥアイユ》が一枚、それに女物の下

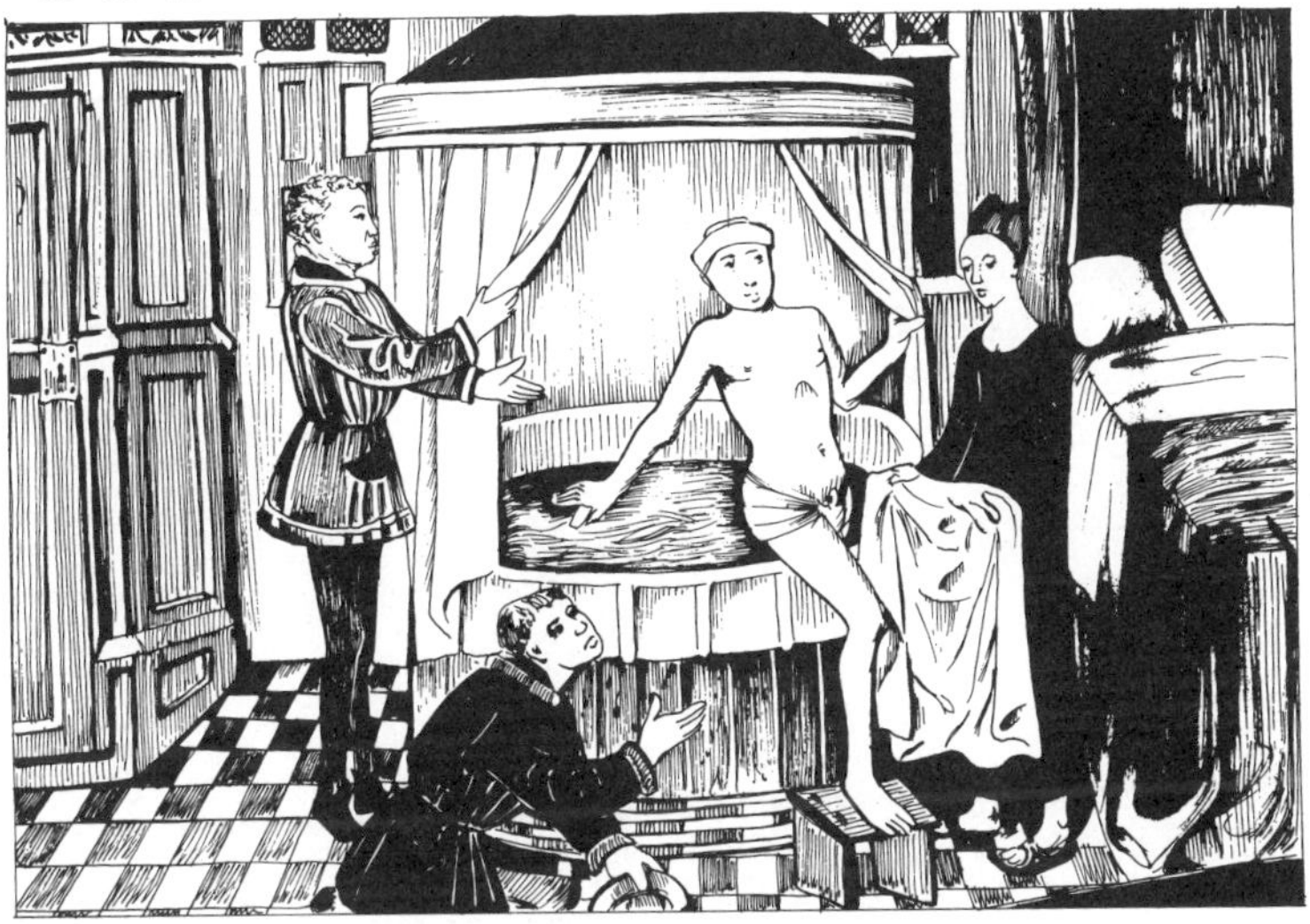

II-5　寝台と風呂と身体のリンネル製品

着が三着ある。[25] ユーグ・ボシュの家には敷布が五枚、〈テーブル掛け《タウレ》〉が一枚、〈手拭い《トゥアイユ》〉が一枚、下着が一着、それにブレーが一着ある。[26] 富裕な農民層では衣類の数は増え、たとえばティルールの寡婦ペルノットの場合、敷布が三一枚、そのうち一七枚は新品、〈テーブル掛け〉が四枚、〈手拭い《テルグール》〉が六枚、それに無地の〈手拭い《トゥアイユ》〉が二枚である。[27] 残念ながらここには下着の類は列挙されていない。

都市でも葡萄作りや職人や人夫は農民と同じような状況だが、分析をさらに進めればなんらかの微妙な差異が出てくるかもしれない。我々の資料は社会階層のなかでも富裕層のものにかたよっており、その方が数量的にもまさり、しかも詳細であるから、所持するリンネル製品の量と質において資産家がいかに贅沢であったかを一望できる(図II—5)。ブルゴーニュ公御用達の仕立て屋ルノー・シュヴァリエは死亡時に、亜麻布製一三枚を含む一八枚の敷布、亜麻布製一二枚を含む一六枚の食卓布、一枚の〈テーブル掛け《タウレ》〉、そして少なくとも一〇枚は亜麻布製である二三枚の〈手拭い《テルグール》〉を所持している。〈ローブ〉という記載がある通り豪華に装うことのある人物だが、それにしては驚くほど下着が乏しい。目録が男物のシュミーズを一着しか含んでいないのは、おそらくその他のシュミーズが慈善として遺贈されたためなのだろう。〈男物の下着《ドラ・ランジュ》〉四組、〈頭被い《クーヴルテット》〉二つ、〈頭被い《クーヴルシェフ》〉五つが更に記されているが、下着類はすべて亜麻布仕立てである[28]。

薬種商を営む裕福なエティエノ・ルムタルディエは、宮廷からもう少し距離があり、宮廷での下賜品にあずかる機会はやや少ないが、リンネル製品は豊富にもっている。ただし亜麻布が充分に使われているというわけではない。四八枚の敷布のうち〈亜麻布製〉と記されているのは八枚にすぎず、また二八枚のテーブル掛けのうち亜麻布製は二枚、一七枚の〈手拭い《テルグール》〉のうちでは一一枚である。〈頭被い《クーヴルテット》〉も亜麻布と麻布があり、素材の明示がないかぶり物は麻布と考えてよいだろう。記載されている唯一の下着は〈ドゥブレ〉、すなわちたっぷりとしたシュミーズで、これは亜麻布である[29]。

ここではディジョンのわずかな例しかあげられないが、豊富なリンネル製品の享受者として第三の範疇にある人物を最後にあげるとするならば、それはブルゴーニュ公の礼拝堂の司祭であり聖歌隊員であるロベール・マルシャンディーズ殿である。二六枚の敷布のうち八枚が亜麻布で、一枚は四幅の最高の幅に達している。二六枚のテーブル掛けのうち五枚が亜麻布で、六オーヌの長さがある。亜麻布の五枚の〈手拭い《テルグール》〉は合計二六オーヌの長さに達し、平均すれば一枚五オーヌを超える。彼の家には三着の僧服《スュルプリ》があることを最後に指摘しておこう[30]。

貴族、大ブルジョア、あるいは聖職者のそれぞれで、リンネル製品の階級差をさらに微妙なところまで明らかにし、贅沢なリンネル製品のさまざまな実態を明確にするには、統計的分析にゆだねなければならないだろう。

現在調査中の文書からは、亜麻布の使用と銀器の所有とのあいだにはある相関があるようにおもわれる。いずれも「恵まれた少数者」のためのものである。我々には情報処理という調査のための強力な手段があるのだから、これによってこの仮説を確かめ、新事実の発見に努めなければならないだろう。

我々の過去への探索は民族学の領域から既に遠ざかってしまったし、ここにあげた事項はまだ充分に練られたものではないが、リンネル製品は専用の整理箪笥ができるはるか以前に、貧しい人びとのあいだでさえも使用されていたということは明らかである。質素で、切り詰められ、使い古され、おそらく質が悪く、わずかな所持数のため頻繁に洗濯をしたり取り替えたりすることはできなかったに違いないリンネル製品でも、昼間はウールの衣服と素肌が、夜間は掛け布団と素肌が接触するのを妨げ、快適性と衛生とを生み出している。財力が増せばリンネル製品の数は次第に増え、質は良くなり、衣装箱のなかに積み重ねられていく。そこに働くのは見掛けに対する配慮の気持ちであるが、おそらくそれ以上に触感を大事にする生活感のなにかが働くのであろう。上等のリンネル製品に対する趣味がはぐくまれる環境を見定め、量と価格と質を明らかにすることにより、我々の調査は経済と社会階層の歴史を超えて感性とその表現の歴史にもまた貢献するに違いない。

図版はダニエル・アレクサンドル Danièle Alexandre とモニック・クロッソン Monique Closson の調査に基づき、ブリジット・パラン Brigitte Parent が描いた。

註

（1） コット・ドール県古文書館所蔵（以下 C.O.と記載）série B および série B II
（2） 本論の調査は一五四件の財産目録を対象とし、そのうち三七件はディジョン市の記録、一一七件はその他の市と農村に関する記録である。
（3） C.O. B II 356/1, Pieret le Juif, 1394
（4） C.O. B 2767, Ysabeau Borel, 1378
（5） C.O. B 3133, Bonamy Baretin et son épouse, 1339
（6） C.O. B 2747, Juhanne épouse de Jean Lirecuix, 1357
（7） C.O. B 5318, Thierçaine, épouse de Jean Jas, 1376
（8） «Ses paires de draps linges a homme senz tauxer pour ce que l'on les donna pour Dieu» C.O. B II 356/1, Guillot Demonmartin, 1400
（9） C.O. B 3133, Bonamy Baretin et son épouse, 1339
（10） C.O. B 4653, Huguote fille Bretel, 1394
（11） C.O. B 5402, Perrenot fils Contat, 1357
（12） Cf. Monique Closson, Perrine Mane et Françoise Piponnier «Le costume paysan au Moyen Age : sources et méthodes» *L'Ethnographie*, 1984, fig. 2, a, c, e
（13） Victor Gay et Henri Stein, *Glossaire archéologique du Moyen Age et de la Renaissance*, Paris, 1887–1928,（以下 Gay et Stein と記載） doublet の項。
（14） C.O. B 2763, Perrenot Lecarnacier, 1376

(15) Gay et Stein, doublier の項。
(16) C.O. B II 356/1, Regnaud Chevalier, 1395
(17) Gay et Stein, touaille の項。
(18) C.O. B II 356/1, Ouvrart Lebarbier, 作成年記載なし。
(19) C.O. B 2747, Jean Loirant, 1357
(20) C.O. B II 356/1, Guillot Demonmartin, 1400 et Girardin Derenaves, 1401
(21) C.O. B 2767, Marguerite fille Bruley, 1378
(22) C.O. B 5046, Alice Grillot, Lantenay, 1404-1407 の間。
(23) C.O. B 2762, Moingeart Tante, Soussey, 1375
(24) C.O. B 2145, Sébille fille Nobis, Argilly, 1352
(25) C.O. B 2747, Alips, Arnay-le-Duc, 1357
(26) C.O. B 2763, Huguenin Boçu, bailliage d’Auxois, 1376
(27) C.O. B 2763, Perrenote, épouse de Hugues Thiroul, bailliage d’Auxois, 1376
(28) C.O. B II 356/1, Regnaud Chevalier, 1395, Dijon
(29) C.O. B II 356/1, Étiennot Lemoutardier, 1398, Dijon
(30) C.O. B II 356/1, Robert Marchandise, 1400, Dijon

ペリーヌ・マーヌ

中世の図像からみた仕事着の誕生

Ⅲ 労働

もともとは天候の害や仕事自体がおよぼす害に対してであったのだろうが、いつの時代にも衣服は、働く男や女たちのために身体を保護するという重要な役割を果たしてきた。そうした様子を明らかにすることは必ずしもたやすいことではない。動きやすく、身体のしかるべき部位が保護されるようにと、働く者はあらゆる方法でその遂行する任務に服装を適応させようといつも努力してきたからである。

職業服についてのコード化されたことばが形成されるのは、おそらくようやく十九世紀になってからのことだろうが、中世の時代から仕事に特有の衣服というのはなかったのだろうか？　農民や職人を表わした図像は十三世紀以後に多様化しているから、このような調査にはこれらの図像が役に立つにちがいない。図像のなかには時代と地域についての比較を許すまとまったものがあり、衣服の変化の端緒をつかむことができる場合があるようにおもう。一方こうした資料からは色彩や衣類の組み合わせ、また衣服の着方や仕事に由来する動作を知ることができるばかりか、仕事着の変化とモード一般の変化との相関も知ることができる。とはいえこれらの証言には多くの制限があり、したがってその他の資料、とくに記述資料との照合が必要である。

以下では農民や職人の図像表現を通して[1]、しかるべき仕事に適応し習慣化した服飾品をとらえることを試みようとおもう。種々の衣類のなかでも前掛けは特別な位置を占めている。それは日常的な服装の一部でありながら、多くの場合、保護の機能をもつようにおもわれ、仕事の道具とさえいえることもある。そして中世には養蜂家やガラス職人や坑夫のようなある種の職業には特別の服装が存在していた。

1 農民と職人

農民や職人の多くはきわめて限られた衣服しかもっていなかったというのが現実である[2]。中世を通して女たちには下着《シュミーズ》の上に着る長衣《ローブ》が基本的な衣服であり、その形態や丈量、色彩や素材はかぶり物の変化とともに時代によって異なっている。男たちは十四世紀半ばまでブレー「ズボン状の下着」とシュミーズをつけ、その上にコット「ひざ下からふくらはぎほどまでの丈のワンピース形の衣服」もしくは質素なローブを着て腰帯を締める。続いて服装は上着《プールポワン》とぴったりした脚衣《ショース》の二つの衣類で構成されるようになり、まず富裕な階級に普及し、やがてゆっくりと大多数の「労働者階級」[3]へと広がっていく。

中世における仕事着の変化は、この通常の衣服の変化に従っている。

Ⅲ-1 麦束を運ぶ農夫 シャルトル ノートル・ダム大聖堂の彫像

働く者はこうした限られた衣服で、危険とはいわないまでも、しばしば過酷な勤めに立ち向かわざるを得なかった。衣服を無駄にしてはならないが、同時にそれで熱や引っ掻きやはね返りといったちょっとした障害や事故から身を守らねばならない。そこでまず働く者は携わってい

Ⅲ-2　蹄鉄工　『愛のチェス』挿絵

る活動に衣服を適応させようと努める。たとえば衣服の袖が邪魔ならまくりあげるか、とってしまうかする。男たちが二の腕をむき出しにして描かれているのはこういうわけで、漁獲や縮充《しゅくじゅう》［毛織物製造の仕上げとして布を収縮させ、組織を密にする作業］、酒樽への葡萄酒の補充《ウィアージュ》［樽につめた葡萄酒は蒸発したり、木製の樽に吸収され減少するので補充する］の際に濡れないように、また草干しや麦刈りの際にはとくに腕を自由に動かせるように配慮しているのである。ときには上衣の袖だけがまくりあげられ、シュミーズの袖はそのままのこともある。十五世紀にはモードの変化にともない、麦刈りや草干しをする農民もプールポワン［タイツ状のショースと組み合わせて着る、十五世紀の男子の上着の典型］を着るようになるが、その袖もまくりあげられたり取り除かれたりする。さらに暑さをしのぎ、動作の妨げにならぬようにプールポワンを脱ぎ、それを腰帯に結び付け、シュミーズとショースの姿で刈入れをする者もいる。このような姿は農民ばかりか石工や墓掘り人など上半身を使って働く者にも都合がよかったようで、まれには屋根職人や大工、また鍛冶屋も火傷の危険をかえりみずこのような姿をしていることがある。

建築現場では漆喰職人が腕を存分に使い、水にたえず触れなければならぬため袖をまくりあげている。魚屋とか肉屋とか汚れる職業にとっても同様だが、現われる頻度は小さい。

プールポワンの場合は丈が短いから考えにくいことだが、ローブは仕事によってはまったく違ったやり方で役に立つ。たとえばポケットのようにして収穫した果実を運搬できるが、衣服をそのように利用した形跡は中世にはまったくない。敏速な脚というのは多くの労働の基本である。したがって男も女も農民はローブを帯でたくしあげ、スリットがあればためらわず裾を折り返す。十二世紀から次の世紀にかけて図像にはたいてい、服の裾をまくりあげて刈入れや草干しをする人物が描かれている(図III―1)。ほかの農作業、とくに果実の収穫や、暑い季節を避けて行われる木の伐採や種蒔きにも同じような服装が見られる[4]。大工仕事や石切り、または漆喰作りなど脚をよく使う職種では、前面にスリットがなければローブはたいてい帯で折り返されている[5]。

男の服装が脚に密着したショースと窮屈な仕立てのプールポワンという二つの異なった衣服で構成されるようになると、これらを結びつける紐《エギュイエット》［タイツ状のショースは、ウールを裁断した仕立てであるため、装着するには上着の腰部に紐で結びつける必要があった］によって、存分に身体を曲げたり激しく動いたりできるようになる。紐を使う習慣は十四世紀末に現われ、十五世紀には、畑の鍬き起こし《ベシャージュ》、葡萄の収穫《ヴァンダンジュ》、木に登って木の実を収穫する光景に頻繁に描かれるようになる。建築現場では石工、梯子を上っている職人、まれには漆喰職人がショースの紐をゆるめたり、結ばなかったりしているが、ほかの職種ではショースをプールポワンにきちんと結び付けている。激しい動きを要する仕事ではこれはさらに都合がよかったようで、たとえば大工や、とくに鉄床の前で働く鍛冶屋には、紐が解け、

Ⅲ-3　麦打ち　『旧約聖書』挿絵

ショースはずりおち、尻部がむき出しになった姿が描かれている（図Ⅲ―2）。

このように日常の衣服の基本的なところを特別な活動にとって都合よく変えていくことは、大胆ではないにしろ巧妙であるが、結局は一時的で個人的なことである。このような変更がときに服装の習慣を変化させ、一般化させることがある[6]。たとえば麦打ち《バタージュ》には炎天下で動かねばならないし、たくさんの埃が舞いあがるから、コットが着用されることはあまりない。十四世紀まで麦打ちの際は上半身裸で、ブレー一着で働く。そのブレーは、普通は脚の周りに巻いておく紐で帯の方にたくし上げられる[7]（図Ⅲ―3）。動作を容易にし、気候に適合させるためブレーの脇にスリットを入れることもまれにはある[8]。十四世紀から十五世紀に民衆の服装が変化すると、上に着ているプールポワンを脱ぎ、質素なシュミーズだけで行うようになる。シュミーズは染めていない布でつくり、一般に腿のなかほどの長さで、帯を締めることも締めないこともある。麦打ちの際の恰好は多様であるが、ショースをはいている場合はめずらしい。草干しをする際の服装はほとんどシュミーズだけで、刈り入れをする際にもそのように省略されることがある（図Ⅲ―4）。一方、職人のあいだでは以上のような姿はまれである。たとえば建築現場で巻きろくろを回す男たちには、力の入った動きが求められ、息をとめてふんばる必要があるにもかかわらず見られない。この違いは田舎と都会の環境の差に由来するのだろうか？

それほど一般化したとはおもわれないことだが、もう一つ別の農作業が興味深い服装の変化を示している。葡萄をつぶす作業の際、農民は最初は腕をまくり、ローブを帯でたくし上げているが、後には短いプールポワンと腿のなかほどまでのパンツをはくことが多くなる。プールポワンを着ない場合でも彼らはシュミーズは着たままで[9]、上半身であれ全身であれ肌を露出することはめったにない。農民の持ち衣装がわずかだったとするなら、このような汚れる重労働に彼らがローブもしくはプールポワンを着たままでいるということを、どのように理解したらよいのだろうか。衛生と関わる習慣の問題なのか、あるいは羞恥心にこだわる図像の伝統の問題なのか、これを解くのは難しい。初期にはローブを帯でたくしあげ、後にはプールポワンと短いパンツをつけるという着方は、河岸の漁師のように水と関わる職種にも見られる。

2 付属品

仕事に都合よく日常の衣服の基本的な部位を変えていく以外に、付属品が重要な役割を担うことがある。

腰帯は中世服飾の大切な付属品である。最初はローブをととのえる目的で装着されたが、やがてプールポワンにもつけられるようになった。中世の服にはポケットがなかったから、帯はさまざまな品

Ⅲ-4　草刈りと草干し　ピエトロ・デ・クレシェンズィ『農事論』挿絵

を携帯するのに便利だったのである。図像にはナイフや鍵や財布が多く描かれているほか、砥石入れの袋や家畜の手当用の軟膏入りの箱をさげた農民の姿もある。さらに職人もさまざまな道具をここにぶらさげている。斧、鉈《なた》鎌、半円形の鎌、左官用の鏝《こて》、丸鑿《のみ》の柄を帯の下にとおして、両腕の自由を確保している図像は枚挙にいとまがない。

農民や職人の服装に特徴的なもう一つの付属品はかぶり物で、職種によってはこれが欠かせない場合がある。とくに葡萄をつぶす作業のように汚れる仕事の場合、あるいはパン屋、肉屋、魚屋のような食べ物に関わる職業で、衛生に配慮しなければならない場合である。火を使う職業では鍛冶屋やガラス職人が、火傷を負わないようにかぶり物をつける。夏の農作業には円錐形もしくは鍔広の麦藁帽が農民を日差しから護る（図Ⅲ－4）。図像によればかぶり物のかたちは多様である。染められていない布でつくった顔をつつみ込む頭巾《カル》のこともあるし、頭頂部だけをおおう帽子《カロ》のこともあり、また簡単な布でターバンのように髪を巻き込むこともある。どのような仕事にどのような形態のかぶり物が定着しているのか、また正確にそれらの地域的分布を見定めるのは不可能な状況である。

手袋は図像にはなかなか現われないが、ある種の仕事には不可欠であったはずである。[10] サン・ジャン・ド・モリエンヌ教会［フランス南東部、現在のイタリアに境界を接するサヴォワ地方にある］の十五世紀の聖職者席には一対の手袋が彫られているが、それは革製で裏打ちのある三本指の手袋である（図Ⅲ―5）。同じような手袋は、一三四〇年に制作された『リュトレル詩篇集』［イギリスのアーナム卿サー・ジェフリー・リュトレルのために作られた詩篇集］の挿絵で、土地を開墾し耕す農民の手にもはめられている。[11] 同じ写本の刈り入れの場面では、小麦の束を結んでいる一人の男が、指がよく動くように手袋をとって帯にはさんでいる。[12] 十四・十五世紀の死後財産目録は石工用の羊の皮の手袋を記載しているが、[13] 不思議なことに図像には例がない。図像に少ないとはいえ、二本指や三本指の手袋は手を危険にさらす仕事にはかなり普及していたはずである。

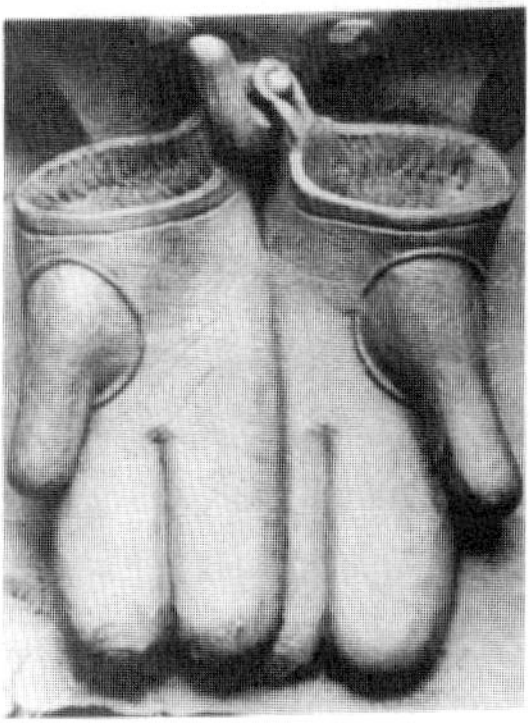

Ⅲ−5　三本指の手袋

農民は履物を充分に持たないから、刈り草を干したり麦刈りをしたりするときには履物をはかないことが多い。図像には後の時代になって木靴をはいた例がわずかに見られるだけである。要するに農民の靴にも職人の靴にも作業に特別のものはない。

3　前掛け

民衆の多様な服飾品のなかで前掛けは特に重要な位置を占めており、使う人の性と作業によってさまざまな様相をみせている。農婦は屋内でも戸外でも働くときには前掛けをけっして欠かさない。長さはさまざまだが、多くはくるぶしに達し、ときには足の先まで衣服をすっかり覆うこともある。もっぱら麻布を染めずに使い、青や赤などの鮮やかな色の前掛けが現われるのは、やっと十五世紀末から十六世紀初頭になってのことである(14)。ほとんどの場合が腰から下だけの前掛けで、共布の紐で腰に結びつけられる。まれには白い布を黒い布で縁どりした前掛けもある(15)。紐をぐるりと回して、前で結んでいる女もときにはいる(16)。

屋内で家事に携わるとき、とくに台所仕事の女に前掛けは欠かせない。十四世紀から十五世紀にかけてのキリスト降誕図では幼子イエスに産湯をつかわせ、産衣を着せ、あるいは産婦にスープを運ぶ女中たちが前掛けをしている。納屋の周辺で女たちがしなければならない仕事、たとえば水を運ぶために頭に瓶をのせたり、手桶をさげたり、あるいは竿の先につるしたりするとき、女たちは前掛けで衣服を保護している。バターつくりの乳搾りや家畜の世話にも前掛けをすることは習慣化している。豚の屠殺後、血を集め、内臓を洗い、腸詰《ブダン》めの準備をする女たちは長い前掛けをしてはねを防いでいる。農作業に従事するとき、たとえば脱穀した穀物をすき、熊手で干し草をくずし、刈り取った小麦を束ね、葡萄の収穫を手伝う女たちは必ず長い前掛けをつけている。前掛けは果実の収穫の際にはポケットの役割を果たす。さらに仕事中でもないのに前掛けをしている農婦の図はいくらでもある。十四・十五世紀によくみられる羊飼いの輪舞の図で、集まっている女たちが前掛けをしているし、紡ぎ棒を腕にかかえて畑の男たちに食事を運ぶ女たちも同様である。あるいは『モドゥス王とラティオ妃』〔アンリ・ド・フェリエールによる一三五四‐七七年頃の作品。狩猟の技術と動物の生態をモドゥス王が語る第一部と、倫理の堕落と神の懲罰である災厄をアレゴリックに語る第二部からなる〕の諸写本のなかには、農民たちが男も女も熊手やシャベルや紡ぎ棒など日常の道具を手に闘っている場面があるのだが、ほとんどの女たちが前掛けをしている。

図像で見るかぎり女たちが職人的な仕事に携わることはあまりないが、商業活動にはかなり関わっており、その際、前掛けをつけて描かれることが非常に多い。魚屋とパン屋の女たちは屋台の向こうで白い前掛けをしている。

実は前掛けは単に働く女の服装の一部という以上に、農民や職人の女たちの日常の服装の重要な衣類の一つであった。しかし図像の上で前掛けが女の装いに欠くべからざるものになるのは、かなり時代がくだってのことである。確かに十三世紀半ばまで図像の多くは宗教的なテーマを描いている。落ち穂拾いのルツ〔旧約聖書「ルツ記」第二章〕とか油の譬〔新約聖書「マタイによる福音書」第二五章一〜十三節〕とか、そのような聖書のひとこまを示す図のなかで、前掛けが屋内でも戸外でも女たちの必需品になるのは十三世紀末以降である。

一方で男たちの前掛けは必ずなんらかの職業活動に結びついている。農民が埃や汚れに気を付けねばならないことはそう多くはないから、畑仕事の農民が前掛けをすることはめったにない。ただ穀物の殻をとばす男たちは埃よけに腰に白い前掛けを結んでいる[17]。前掛けがよく使われるのは葡萄栽培のときである。『ブルゴーニュ公夫人の時禱書』[18]のなかで農民が白い前掛けの胸の部分をプールポワンにピンで留めているのは、葡萄の籠を運ぶ際に汚れないようにするためである。酒樽に葡萄酒を補充するあいだ葡萄酒を運ぶ男は白い前掛けを帯に結びつけていることがよくある。[19]庭で土を鋤いている農夫はローブを帯でたくしあげ、その上に麻の前掛けをつけている。[20]あるいは『グリマーニの聖母時禱書』［一五一〇―二〇年頃のヘントーブリュッヘ派の制作になる彩色写本。その名は購入者である枢機卿ドメニコ・グリマーニに因む］では豚にどんぐりを食べさせにいく男が白い切れはしを腰の回りに巻きつけている。豚にどんぐりを食べさせる仕事や畑を鋤く仕事に前掛けを使うことは少ないが、斧の刃の背を使って豚を屠殺する際には、返り血をさけるために白く長い前掛けを帯に結び付けていることが多く、さらに豚の喉をかき切り、肉を切り分ける作業には必ずといってよいほど前掛けを使う。アレッツォ［イタリアのペルージャの北、ルッカの南にある町で、一二二〇年頃建立のサンタ・マリア・デッラ・ピエーヴェ教会がある］の教会の十三世紀の暦図では豚の喉をかき切る農夫の前掛けが、その裁断の様子から革製のように見えることは特筆してよい。ただし後の図像資料のなかに革製の前掛けが現われるのはまれである。豚の屠殺は農民社会に伝統的な仕事であるから、都市の肉屋の姿と比較したら面白いかもしれない。

農夫の前掛けの長さはさまざまだが、一般に女物よりは短い。たいてい色は白く、質の悪い麻でつくられている。図像の上でも単に腰の後ろで結んだ布切れといった場合が多い。[21]革の使用はきわめて限られている。

農民が前掛けを用いることは多いとはいえないが、一方に前掛けを非常によく使う職種がある。たとえば釜の前で仕事をする鍛冶屋はたいてい、金属の熱と火花をさけるために前掛けをしている（図

Ⅲ-6 鍛冶屋 『綴織りのための…画帳』挿絵模写

Ⅲ-7 鍛冶屋 ヴァンサン・ド・ボーヴェ『人類救済の鏡』挿絵模写

III―6、III―7)。素材と形態は多様で、いつの時代にもみられるのは白い前掛けを腰に結びつける形式のものである。あるいは胸当て付きの前掛けをロープやプールポワンの上に、簡単なピンや飾りのない留め金で付けている場合もある。十四世紀以後、各地の写本挿絵に現われるのは[22]、胸当て付きの前掛けを二本の紐で吊るかたちのもので、動き易さを考えた工夫として興味深い。まれに裾に縁飾りがつくこともある[23]。十四・十五世紀のブルゴーニュ地方の死後財産目録によれば鍛冶屋の前掛けは革製であることが多く[24]、図像のなかでも十五世紀まで、全体として革素材の前掛けは少数派であるとはいえ鍛冶屋の図に現われることが多い。十三世紀の『図解注釈聖書《ビーブル・モラリゼ》』のある写本では[25]、鍛冶屋の前掛けは下の縁にぎざぎざの切り込みの入った革製であるものの、その仕事を手伝う者たちの前掛けは麻布製である[26]。なめし革の形状は剥いだままのかたちに近く、生前の姿をとどめてい

Ⅲ-8　大工　教訓劇の写本挿絵模写

ることも少なくない[27]。革の前掛けにも胸当てが付き、プールポワンにピンで留めていることもある[28]。麻布製の前掛けのように吊り紐を備えたものもある[29]。鍛冶屋と似た仕事をする蹄鉄工の前掛けも同様の素材と形態である。このことは、とくに木材や石材を扱うほかの職種にもあてはまり、大工の前掛けは鍛冶屋のそれと類似したものであって、帯に結びつけたり、胸当てがあったり、まれには吊り紐が付いていたりするが、大半は白い布製である。ただし教訓劇［十五世紀後半に定着する世俗劇の一ジャンル。抽象概念の擬人化人物が登場し、道徳的な教化を目的とした芝居］のある挿絵のように革製のこともあり[30]、ここでは胸当てをプールポワンに留め金で付け、裾を尖ったかたちに裁断し、脚の自由を確保している（図Ⅲ—8）。木材にかかわるあらゆる職種が前掛けを使ったのかといえば、必ずしもそうではない。ノアの箱船の建造では[31]大工のうちでもかんなを使う者しか前掛けをしておらず、ほかの者たちはなんら身を護るものをつけていない。同様にピエトロ・デ・クレシェンズィの『農事論』［著者はボローニャの碩学。一二三〇？—一三二〇年？。土地の耕し方、種蒔き、挿木、造園法、果樹栽培、動物や鳥の性質などを解説している］のなかでも[32]、家屋の建築に携わる職人のうち前掛けをしているのは斧を扱う職人だけで、鋸をひく職人はプールポワンのままである。

同じ建築現場によく現われる石工の服装もまたさまざまである。石材の破片をよけるために腰に前掛けを結びつける姿がもっとも多いが、まれに胸当てつきのこともある。革製であることは少なく、麻布製で短く、腿を覆うほどの長さしかない。石工のほかに布の前掛けが欠かせないのは、漆喰をこねる職人、漆喰や水のはいった手桶を運ぶ徒弟たちである。一方、漆喰を塗る左官屋は必ずしも前掛けをするわけではない。ただしルーアン市図書館蔵の『注釈チェスの書』では、[33] 胸当てのついた白い前掛けがプールポワンに留めつけられ、裾は尖ったかたちに裁断され、左官屋は前掛けの上から腰の周りに帯を締めている（図III―9）。つまり建築現場で働く者が必ずしも前掛けをつけるというわけではない。そのような姿の職人はたいていは石工だが、石工ひとりしか前掛けをしていない場合もあるし、大工や屋根職人や漆喰職人をはじめ大半の男が白い布の短い前掛けをしている場合もある。領主が建設を命じて労働者を迎える場面は中世の図像によくある情景だが、ここに現われるさまざまな職種のなかで前掛けをしているのは大工と石工だけである（図III―10）。

建築現場以外でも木材や石材を扱うケースは多々あるが、そのための作業服は多種多様である。たとえばブールジュ大聖堂の十三世紀のステンドグラスには革の前掛けをしている車大工がいる一方で、

Ⅲ―9 左官屋 『注釈チェスの書』挿絵模写

樽職人は少なくとも十三世紀まで身を護るものはなんら身につけていない。やがて麻布製も革製も普及するが、その証拠に『薬草の書』［十二世紀のサレルノの医師マテウス・プラテアリウスによる薬草の効能を説いた書。後年つくられた複数の写本には、薬草の図の他、当時の生活を偲ばせる挿絵がみられる］が、両脇の縁に細かい切り込みの入った革製の前掛けを腰に結びつけている様子を描いている。[34] 十五世紀にはピュグマリオ

Ⅲ-10　職人たち　ボッカッチョ『名士名婦伝』挿絵

ンの図像テーマ［ピュグマリオンは古代ローマのオウィディウス『変身物語』に登場する伝説のキュプロス王。自ら彫った象牙の乙女に恋するあまり、その彫像に似た女を妻としたいとウェヌスに祈ったところ、彫像は生命を与えられ、彼の願いは叶えられたという挿話が中世文学に引かれた］をめぐって石材を彫る職人が描かれることが多くなるが、彼らの麻布製の長い前掛けは脚までおおい、胸当てはたいていない。前掛けの使用はなにより身体の損傷を避けるためで、したがって革なめし職人は切り傷の防止のために前掛けをする習慣があるのだが、それはもちろん革製である(35)。同様に前掛けの使用は汚れを防ぐためでもあり、そこで絵の具を混ぜる画家は前掛けを使う。意外にも十三世紀の『図解注釈聖書《ビーブル・モラリゼ》』の挿絵では(36)、金銀細工師ばかりか一緒に仕事をしている仕立て屋と刺繍職人も白く長い前掛けをしているのが見受けられる。

食べ物と関わる仕事に前掛けは欠かせない。料理人の男たちは女たちのように白い前掛けをすることが多い。鍋で肉のかたまりを調理している男は小さい布を腰の脇に結びつけており(37)、焼き串を扱うときには紐で前掛けを結わえている。[38] 領主館では食事の給仕に厳格な規則があったが、前掛けの使用は義務づけられてはいなかった。

数多くの挿絵を含む『健康《タクイヌム》全書《サニターティス》』〔十一世紀アラビアの医師イブン・ボトランの書。十四世紀末から十五世紀初頭のイタリアで、これに美しい挿絵がつけられて広まった。植物、季節、食物、それらの健康に対する効能や害、処方などが記されている〕は一項目を肉の種類と販売用の切り分け方にあてているが、この写本で家畜の喉をかき切っている男は必ず白く長い前掛けをつけている一方で、家畜を押さえている男が前掛けをしていることはめったにない。ところが肉を切り分けたり皮の表面を削りとったりする者は腕まくりをし、白い前掛けをしている。牛の屠殺に前掛けは必ず白い麻布製だが、[39] 同じ『健康全書』の別の写本では[40]山羊を屠殺する肉屋が革製の前掛けをしている。ただしこの革製前掛けは肉屋に関する十ほどの挿絵のなかで唯一の例である。魚屋と同じように屋台の後ろで切り分けたり売りさばいたりしている肉屋も、たいていは腰に前掛けをしており、それは必ず布製で短い。『健康全書』では[41]肉と魚の販売のほか、塩の販売にも前掛けが使われている。

4　専用の作業衣

種蒔きのための前掛けは伝統的な農民服の一つで、作業専用の衣類として成立した珍しい例である。十三世紀までは升などの木製の器やその他の容器が使われることもあったが、種蒔きの図の大半では一番上に着ている衣服やローブの裾をもちあげてくぼませ、そのなかに種を入れている。十三世紀には肩から脇下に袋をさげたり、粗末な布きれを首に結び付けたりする習慣が生まれたが、[42] 二本の吊り紐を備え、背中で結びつける種蒔き用の前掛けが図像に現われるのは十四世紀以後である（図Ⅲ―11）。十四・十五世紀をとおしてこの種の前掛けの図は数多いが、かたちの変化は乏しい。種蒔き専用の形態に定着するのは早かったが、その後は変化することなく今世紀初頭まで続き、前掛けはたしかに働く人の道具であった。

十四世紀以後、とくに十五世紀にはほかにも仕事専用の衣類が順次あらわれてくる。たとえば頭巾の先を長く伸ばすことにより、汚れた入れ物を背負って運ぶ際の保護とすることがある。葡萄の収穫の情景にその例があり[43]、ここでは頭にかぶった頭巾の裾を背中に垂らし、葡萄の

Ⅲ-11 種蒔き 『アミアンの時禱書』挿絵

Ⅲ-12 葡萄潰し 『ポワチエのミサ典書』挿絵

III-13　養蜂家　ウェルギリウス『農耕詩』挿絵

III-14　ガラス吹き　プラテアリウス『薬草の書』挿絵

たくさん入った負籠に服が触れるのを防いでいる（図III―12）。このような頭巾は建築現場の情景で漆喰の入った運搬具を背負って運ぶ者によく見られるが、十五世紀にはまだあまり普及しておらず、そのまま背中に背負っている人夫がほとんどである。この種の衣服は今日では食肉運搬に用いられているが、中世の図像にはそのような例はない。

Ⅲ-15　坑夫　『クトゥナ・ホラの聖歌集』挿絵

たとえば『健康全書』[44]には肉屋が白い大きな布で肩をおおって食肉を背負っている例がいくつかあるものの、たいていはローブを着た肩にじかに背負って運んでいる。さらに注意を引くのは特別の防護を必要とする作業のための衣類である。養蜂家は、『薬草の書』やウェルギリウスの『農耕詩』の十四・十五世紀の多くの写本のなかで、頭から胸までを保護するマスクをつけ、手袋をはめ、全身を完全におおっている（図Ⅲ—13）。この種の装備がいつごろから現われたのかは図像から判断するのは難しい。南イタリアで十一世紀初頭に制作された巻物写本『エクスルテト』〔復活祭で歌われる曲や祈りの言葉などを記したもの。復活祭前夜に歌われるラテン語賛歌の冒頭の文句 Exultet（喜べ）に因んでこう呼ばれる〕に蜜蜂に関するたくさんの図があるが、農民は手をむき出しにし、なんら身を護る服をつけていない。図像には決まった表現しか許されず、現実描写が欠けるためなのか、それとももっと後に考案されたためなのか、図像資料だけでは解決はつかない。

特別の防備を要する職種に、熱に対する保護を必要とするガラス職人がいる。十一世紀に制作されたラバーヌス・マウルス『物性論』の写本〔著作は全二十二巻。著者は八世紀末から九世紀のドイツの神学者で、フルダ修道院長、マインツの大司教を務めた。一〇二三年に制作された写本は、多くの挿絵を含み、現在モンテ・カッシーノに保管されている〕では、大きな布で身体をおおっているだけ、一方の肩をむき出しにし、顔になにもつけていないが、一方で十五世紀の『薬草の書』の諸写本では、ガラスを吹く職人は目の位置で大きく突き出したおおいをつけている（図III—14）。髪の毛は布もしくは帽子でおおうのが常であるが、顔は必ずしも保護されているわけではない。ロンドン大英図書館蔵の写本の例では(45)髪の毛を布で巻いていることを除き、どんな防御もされていないからである。

危険を伴うもう一つの職業、すなわち坑夫の作業衣については、残念ながら中世西洋には図像が少ないが、中世末期に

III−16 パン屋 『詩篇集』挿絵模写

III−17 パン屋 『パリの時禱書』挿絵模写

Ⅲ-18　パン屋　『カトリーヌ・ド・クレーヴの時禱書』挿絵模写

特徴が出てくる。すなわち頭巾つきの白いシュミーズと革のズボンで構成される作業衣で、その特徴はクトゥナ・ホラの写本[46]にとくに明らかである（図Ⅲ—15）。ただし同じ地下の採掘場で一緒に働いていながら、採掘に携わっていない者の服装にはなんら特徴はない。

仕事着としての機能が発展した例はしたがって、まれであるといわざるをえないだろう。むしろ富裕階層の服装の影響をうけて、それに多少遅れてすこしずつ変化していく民衆服の姿の方が中世をとおしてはっきりしているといえよう。その緩慢な変化は、挿絵に頻出するパン屋の服装からよくわかる。十三世紀のパン屋は上半身裸で、白いブレーをはき、頭には白い帽子《カロ》をかぶるか簡単な布を巻きつけるかしている[47]（図Ⅲ—16）。そして十四世紀とくに十五世紀になると二種の服装が並存する。一つはプールポワンを着て、ショースをはき、たいていは短い、白い布の前掛けを背後で結ぶというもので、このような服装は数多く見られる[48]（図Ⅲ—17）。前掛けには規則的なひだが描かれていることが多いから、帯に縫いこまれていることは確かである[49]。パリの国立図書館が所蔵するある時禱書のなかでは胸当て付きの前掛けをしているが[50]、これは例外である。一方、大きな袖のついた、脚の中ほどまでの丈の白いシュミーズを帯締めせずに着る姿がパン屋のもう一つの服装である。この場合、膝下ほどの長さで、両脇にスリットが入ったシュミーズを着ている場合と、[51] くるぶしまでの長いシュミーズの上に袖なしの短いプールポワンを着ている場合とがある[52]（図III—18）。時代をとおしてあらゆる図に共通することは、かぶり物を使うことで、それは顎紐の付かないこともある粗末な頭巾《カル》であったり、麻布の縁なし帽《ボネ》であったり、頭の頂にのせた帽子《カロ》であったりする。

　中世のパン屋の服装はざっと見ただけでも実に多様である。要するに図像によれば、いくつかの職業を除いて、決まったかたちに定着した仕事着はないということである。画家が必ずしも現実に即して描いてはいないということを考慮しなければならないが、農民も職人もそれぞれが限られた持ち衣装を、それぞれの作業と動作に適合させるという服飾習慣をもっていたようにみえる。およそあらゆる職種《メティエ》で衣服にかかわる行動は多様をきわめ、したがって職種による服装の特徴を図像から分類することはできない。あるいは農民の場合とくに天候に左右されるから、地域による服装の特徴があるようにおもわれるが、これも分類することは不可能である。このことは中世のほかの資料をみても同様である。とはいえ、わずかながらもいくつかの変化に、仕事着として定着するにはほど遠いながらも、その誕生の次第をかいまみることができよう。

註

（1）確かに武装は市民服に影響を及ぼしているが、本論ではこれには触れない。

（2）フランソワーズ・ピポニエ氏によれば、十四世紀の農民の多くは、未染色もしくは青い毛織物のローブを一着、被りもの（シャプロン）を一つ、それにわずかな下着類を所持するにすぎないことが、十四―十五世紀のブルゴーニュ地方の死後財産目録から確かめられるという。（Le costume dans l'Occident médiéval, *Enciclopedia dell'arte medievale*, Roma, 1994）

（3）F. Piponnier, M. Closson, P. Mane, «Le costume paysan au Moyen Age : sources et méthodes», *Costume et Sociétés 2*, *L'Ethnographie*, CXXVI^{e} année, 1984, pp. 291-308

（4）とはいえフランス国立図書館蔵のブルネット・ラティーニの著作（Ms. Fr. 571, f.66v.）が示すように、畑を耕す人に脚をむき出しにした姿は例外的である。

（5）New York, Pierpont Morgan Libr., Ms. 739, f.10

（6）P. Mane, *Calendriers et techniques agricoles* *(France-Italie, XIIe-XIIIe siècles)*, Paris, 1983, pp.123-140

（7）New York, Pierpont Morgan Libr., Ms. 638, f.18

（8）プリッツ教会の暦図八月の図を参照。

（9）マコン市図書館蔵の聖務日課書（Mâcon, Bibl. mun., Ms.103, f.5）を参照。

（10）羊飼いへのお告げの図で牧人が手袋をはめている場合がある。この場合は従事している仕事の性格というより気候という要因がむしろ大きいだろう。

（11）London, Brit. Libr., Ms. Add. 42130, f. 170, 173

（12）London, Brit. Libr., Ms. Add. 42130, f. 171

（13）ブルゴーニュ地方に関するフランソワーズ・ピポニエ氏の御教示による。

（14）たとえば一五三九年制作の次の写本の暦図に見られる。Paris, B.N.F., Ms. Fr. 1872, f. 9v., 10v.

（15）Chaumont, Bibl. mun., Ms. 33, f. 135

（16）London, Brit. Libr., Ms. Add. 24098, f.25v.（八月の図）

（17）ニューヨークのピアポント・モーガン図書館蔵の旧約聖書（Ms. 638, f.18）を参照。十三世紀以後についてはマルタン・ド・ボーヌのミサ典書（Paris, B.N.F., Ms. Lat. 886, f. 7v.）を参照。

(18) Chantilly, Musée Condé, Ms. 1362, f. 9v.

(19) このような前掛けは次の写本の暦図では褐色である。London, Brit. Libr., Ms. Add. 24098, f.27v.

(20) たとえばヘネシーの時禱書（Bruxelles, Bibl. royale, Ms. II. 158）の三月の図を参照。

(21) たとえばフランス国立図書館蔵の次の写本に例がある。Ms. Lat. 12834, f. 84 ; Ms. Lat. 13273, f. 12

(22) イギリスの工房で制作された聖書（Holkham Hall, Coll. Leicester, Ms. 666, f.31）またはラインラントの画家の制作になるマネッセ写本（Heidelberg, Bibl. univ., Ms. Pal. Germ. 848, f.381）を参照。

(23) Chantilly, Musée Condé, Ms. 139, f.24v ; Paris, B.N.F., Ms. Fr. 143, f. 148

(24) ピポニエ氏の御教示による。

(25) Paris, B.N.F., Ms. Lat. 11560, f. 101v.

(26) 徒弟がなんら特別の衣服を身につけていないこともある。ゴールストン詩篇集の挿絵（London, Brit. Libr., Ms. Add. 49622, f.154v.）には裸足のガラス吹きもみられ、その服は帯にたくしあげられている。

(27) たとえばウィーンの次の写本を参照。Wien, Ost. Nat. Bibl., Ms. 2760, f. 144

(28) ロンドンのビクトリア&アルバート美術館蔵の写本（Ms. 1504-1896, livre 34）、または大英図書館蔵写本（Ms. Royal 16 GV, f. 11）を参照。これらの挿絵では、おそらく脚の自由をいっそう確保するためだろう、衣服の裾は三枚の帯状に切り開かれている。

(29) Paris, B.N.F., Ms. Fr. 24461, f. 15

(30) Paris, B.N.F., Ms. Fr. 1166, f. 33

(31) ベッドフォード公の時禱書（London, Brit. Libr., Ms. Add. 18850, f. 15v.）を参照。

(32) London, Brit. Libr., Ms. Add. 19720, f. 27

(33) Bibl. mun., Ms. Fonds Leber 1483, f. 43

(34) Bruxelles, Bibl. royale, Ms. IV. 1024, f. 198

(35) フランス国立図書館蔵のドイツ語写本（Ms. All. 113）またはフランス語写本（Ms. Fr. 24461, f.85）を参照。

(36) London, Brit. Libr., Ms. Add. 15277, f. 15v., 16 et 34

(37) New York, Pierpont Morgan Libr., Ms. 638, f. 20 （十三世紀）

(38) London, Brit. Libr., Ms. Add. 42130, f. 206v., 1340

(39) フランス国立図書館蔵の時禱書（Ms. Lat. 1393, f. 61v.）に描かれた前掛けは、短く、幅の広いひだが規則的によせられているが、革紐で腰に固定されている。

(40) Paris, B.N.F., Ms. Lat. 9333, f. 71

(41) たとえばWien, Ost. Nat. Bibl., Ms. s.n. 2644

(42) とくに『インゲボルグの詩篇集』（Chantilly, Musée Condé, Ms. 9, f. 8）を参照。

(43) ポワチエのミサ典書（Paris, B.N.F., Ms. Lat. 873, f. 6）を参照。

(44) Wien, Ost. Nat. Bibl., Ms. s.n. 2644

(45) Brit. Libr., Ms. Add. 24189, f. 16

(46) クトゥナ・ホラはボヘミア中央部。一四九〇年頃制作、ウィーン国立図書館蔵写本（Ms. 15501）扉図。

(47) とくにフランス国立図書館蔵の詩篇集（Ms. Lat. 1076, f. 6v.）、またはサンクト・ペテルブルグ図書館蔵の詩篇集（Ms. O.V. I. 24, f.7）を参照。これらの挿絵ではブレーは着やすいように、たくしあげられている。

(48) たとえばParis, B.N.F., Ms. Lat. 18017, f. 6v.またはMs. N.A.L. 183, f. 12

(49) リヨンのミサ典書（Lyon, Bibl. mun., Ms. 514, f. 6v.）を参照。

(50) B.N.F., Ms. N.A.L. 215, f. 19v.

(51) Tubingen, Bibl. univ., *Les enfants de saturne*

(52) New York, Pierpont Morgan Libr., Ms. 917, f. 226

フランソワーズ・ピポニエ

都市の布と宮廷の布

Ⅳ　町と城

1 単色画《グリザイユ》の背景

修道士の簡素の理想

服装はいかにあるべきか、という議論は中世のカトリック教会では久しく聖職者自身のことに限られてきた。白い修道士［シトー会士。彼らの修道服は白かったことから、このような異名をとった］は黒い修道士［ベネディクト会士のこと。彼らの修道服は黒かった］に対抗し、風合のよい、色ものの贅沢な布地の使用をけっして認めず、本来の純粋な禁欲主義にさかのぼろうとした。宗教会議は簡素さよりも節度の面に重きを置き、節制の観念がとりうるさまざまなあり方を、まず毛皮や高級毛織物などの素材について、次いで形や色について定義しようと何世紀にもわたって努力したが、在俗の僧侶と俗人とを分かつ画一化した特別の着方というものを課すことはなかった[1]。中世の剃髪は大きく剃り目立つものであったから、在俗僧侶を見分けるにはこれだけで充分であった。

修道院制度が始まったときから通常の衣服を放棄し修道服を獲得することが、俗界との決別を象徴してきたように、中世末期になると服装の問題は托鉢修道会の宣教においてばかりか、彼らの生活においても特別の重みをもつようになる。修道院によっては継ぎはぎの粗末な服をまとい、貧しさをこれみよがしにしたから、修道会の権威はそのようなやり方に抵抗すらしなければならなかった。中世末期まで修道僧は年代記や歴史的記録のなかに、宮廷社会が過剰なまでに服飾に執着することをとりあげ、揶揄することが多かったが、こうすることによって節度ある支配者がきわだち、その評価が浮き彫りにされることも多かった。ただしこれらは紋切り型の聖者論で、これまでの服飾史家はあまりに文字どおりに受けとりすぎた。

十三世紀からは都市の発展とその経済繁栄にともない、托鉢修道会の口調は激しくなる。伝えられているところによれば、彼らの宣教は教えというより呪咀といえることも多く、繁栄を生み出す町という場所にすら彼らの攻撃は及び、その産物が非難された。さまざまなかたちの〈都市の罪〉[2]に抵抗する動きについては貴重な証言が今日に残されているが、そこでは媚態《コケットリー》と、流行のファッションによるその誇示が淫乱の罪の第一歩とされている。記録のなかには蔑視感を表わしているものがあり、その最たる例は、角型に高くそびえた十五世紀の帽子にあてられた〈エナン〉という語で、このことばはもともと悪魔性を表わす罵倒語であったという[3]。

都市とその有産階級が飛躍するかたわらには、都市の貧困が存在する。フランチェスコ会はその貧困を分かち合い、それを生活の理想となした。彼らの服装が多様であったことからは、貧しい者がいかに着るべきか、そのあり方を明確に概念化することがいかに難しかったかがわかる。図像資料には騙されることがある。つまり貧困を表わす擬人化像、もしくは施物の分配の情景にあらわれる貧しい人びとは、現実の姿というよりもシンボルとして表わされており、そこで貧しい服装のしるし《スティグマ》として、破れ、くすみ、汚れ、継ぎはぎの布という最低限の着衣がそのような人物に集中してあらわれるのである。

とはいえ多くの資料が分配の行為について記しており、それは〈裸のものに着せる〉ことを慈愛の行為として教会が勧め、その教えに従っているからである。衣服はとくに修道院に遺贈されているが、これとは別に、何人かの貧民を葬儀におよび、食事と衣服を与えるべしと記している遺言書は貴族階級にも富裕町人《ブルジョア》にも多くある。[4]このような行為はさらに十五世紀の宮廷社会にもあり、たとえばアンジュー公ルネ［一四〇九―八〇年。アンジューとプロヴァンス公領を治め、一時ナポリ国王の地位にあり、ルネ王と呼ばれる。文芸を愛好し、アレゴリー文学の著作者としても知られている］は、最初の妻イザベル・ド・ロレーヌ［一四一〇年頃に生まれ、二〇年にアンジュー公ルネに嫁ぎ、五三年に亡くなる］の葬儀に際し宮廷のすべての人に黒衣を給付したばかりか、十三人の貧民を葬列に加え、それぞれに長衣《ローブ》［床に届くほどの丈の長い、ワンピース形の衣服に対する総称］と垂れ布付き帽子《シャプロン》［帽子の両脇に長い垂れが付き、これを頭から顎に回して巻き付ける十五世紀の典型的なかぶり物］を一着ずつこしらえるように黒い布を配っている。ルネは復活祭の日にも十三人の貧民に同じような揃いの衣服をつくるよう毛織物の布を配っており、四旬節の期間には彼らに食事をふるまっている。[5]ところで、このような新品の衣服を受け取ったものは果たして自分のためにこれらを使ったのだろうか？　どんなにささやかな布地でも衣服でも現実的な価値をもっている。町では古着の取り引きは盛んであり、状態の良い一着のローブを売って得たものは、一人の貧乏人が長いこと暮らしていくに足るものであったはずである。とはいえ都市でも[6]農村でも恵まれない階層で、充分な分配が受けられなかった場合には、受け取ったものは自らの使用に供されたであろう。死後財産目録によっては、故人の衣服が〈神に与えられ〉、施療院に預けられたことを記しているものや、そのような事情をうかがわせるものがある。[7]まれに〈貧者〉または〈乞食〉の目録というのがあるが、彼らの衣服と都市の貧困層の衣服とのあいだには、簡単な物品表を見る限りほとんど差はない。ぼろをこれみよがしにまとい、体の傷をあからさまにし、人びとに慈善の気持ちをあおろうとする者が一方にはいるにしても、〈貧苦を訴えぬ貧者〉という観念があるから、住民のなかにまぎれ込んでしまう貧民がいたことは確かである。

民衆の衣服

都市の民衆はどのような服装をしていたのか、さらにこの世界では個人に重くのしかかる暗黙の慣習とか慣例とかがどうであったのかを分析するのは難しい。図像が表現しているのは世俗であれ聖職者であれもっぱら特権階級であり、それは豪華本の挿絵が描かれ、彫刻や絵画が制作されたのは彼らのためだったからである。羊飼いは羊に囲まれ、農民は農具を携え、それぞれ仕事をしているところが描かれるのが常だから、彼らの姿は比較的とらえやすい[8]。が都市の下層民の姿はこのようにはっきりしたものではない。文書資料は少しは多様な情報をもたらしてくれる。十三世紀からは、遺贈された衣類や、さまざまな階級の人びとの所持した衣類が、遺言書や財産目録のなかで数え挙げられるようになるからである[9]。とはいえ今日に伝えられた資料のなかで下層民は権力者のように多くの痕跡を残すことはない。そのうえ文書の作成者は、職人や使用人らの衣類や寝具などというものより、贅沢な持ち衣裳や上等の壁掛けを詳細に記すことにむしろ満足を覚えたようにみえる。考古学はさらに生の情報をもたらしてくれそうだが、残念ながら研究対象になる物品や織物断片が土壌のなかで保存されていることはまれである。都市という環境では、考古学の遺品について正確に社会階層をわりだすのはとくに困難である。同じ街区にさまざまな階級の人びとが身をよせあっていたはずで、それはどの家にも奉公人がいたからであろう[10]。

考古学資料の分析や文書資料の調査が示しているように、中世末期には染色された布地の使用は広く普及していた。十四世紀のブルゴーニュ地方の農民が着ていた毛織物でさえ〈赤い〉ことがありえた。とはいえ普通の品質の布は自然の羊毛の色のままであることが多かったようである。色名の乏しさに反し、それに対応する色のニュアンスは非常に多様であったことも考慮する必要がある。色の濃さや鮮やかさや堅牢性は染料の質と量による。一着の衣服を買うことが大きな投資になる時代であるから、恵まれない者は色がさめるまで長いこと着たであろう[11]。

都市の下層民が所持する衣類は、質・量いずれにおいても農民の場合より勝るところがある。彼らが使う布はたいてい毛織物《ラシャ》で、〈茶褐色《ビュール》〉、〈茶褐色《ビュレル》〉、〈淡褐色《ベージュ》〉、〈サージ〉といった質の悪いウールであることはない。当時の習慣にしたがって布地は色名によって指し示されているので、そのために染色された布地が農村よりも都市でいっそう普及していたことがわかる。毛皮の使用もまた多様である。都市の女性は恵まれた環境にない者も山羊や兎以上の毛皮を手に入れることができた。彼女たちは山羊の毛皮などには見向きもせず、兎のほかに子羊の白い毛皮を使って防寒用胴着《プリソン》をつくる。毛のついた面を裏に向け、皮を裏返しただけのこの胴着は農村の女性にとっては唯一の防寒衣であり、家事をするには毛皮付き長衣《ローブ》よりいっそう都合のよいものだった。しかし十四世紀末になれば、兎や子羊の〈背の毛皮〉や使い古され〈毛の抜けた〉毛皮に甘んじねばならないとはいえ、都市の下層の女性も毛皮付き長衣《ローブ》をもてることが多くなる。

都市と農村の違いは量の側面でも同様である[12]。十四世紀の農民が上に着る衣服を一揃い以上もてることはほとんどなかった。一方、同時代の都市民、あるいは十五世紀のディジョン市民はたいていコット［筒袖付きのワンピース形の男女の衣服。ローブとの違いは必ずしもはっきりしないが、男物の場合、ローブよりは丈が短い」とローブの完全な代えを所持し、シャプロンや帽子や縁無し帽《ボネ》などかぶり物もいく種類かもっている。衣服の状態が記されている場合には、古びた、または使い古したと形容されるもので服装が成り立っていたことがわかるが、これらはおそらく日々の営みや仕事に使われる衣服であり、その他は祝祭などの機会に使われるものなのだろう。財産目録からは農村社会よりも都市部の方が保護の機能を衣服に求めていたことがわかる。[13] 家事に携わる女性の前掛けのように、また男も女も着た一種の上っ張りである〈ロショ〉のように、麻製のものもある。男の場合はいっそう特殊で、前掛けは樽職人や指物師など木材を扱う職人、また金属を扱う職人が用いている。革もしくは〈白なめし革《メジ》〉でできた前掛けは鍛冶屋、蹄鉄工、錫職人を護り、金銀細工師には貴重な金属のわずかな量も回収させるのに役立つ。商人や職人のなかには革製の長衣《ローブ》や上着《プールポワン》を着る者がいるが、おそらく防水を目的としているのだろう。

都市と宮廷の下級職

王侯貴族が宮廷の日常的雑務にたずさわるよう何十人と徴用する奉公人は、都市の民衆階層の出身である。一年に二回支給する〈仕着せ《リブレ》の〉布の選び方は奉公人のあいだの微妙な階級差を映しだしているのだが、彼らの服装を都市の人びとの一般の服装と比較してみることはなかなか難しい。比較が可能であるのは〈貧者〉が含まれる大がかりな支給が行われたときである。アンジュー家の宮廷では、イザベル・ド・ロレーヌの葬儀の際、〈貧者〉は馬方や飯炊きの召使と同じ待遇を受けている。王侯貴族に仕える奉公人の職務上の衣服は、灰色といったごく普通の色の衣服に、紋章もしくはその時々の遊戯的紋章《ドゥヴィーズ》［十四世紀末から十五世紀にかけて、家系を表わす紋章とは別に、動物や植物を図柄にした紋を複数もつことが貴族のあいだで流行した。ドゥヴィーズとは今日では紋章に付された標語を指すが、この頃には紋章を構成する図柄・色彩・標語のすべてを指した］など識別のしるしを縫いつけるか刺繡するかで特徴づけられたようだが、資料はこの点を必ずしもはっきりと示しているわけではない。そしてこのような服装を、よくあるミ-パルティの衣服や、対照的な色彩の帯状の布がついた衣服、あるいは王侯貴族の〈ドゥヴィーズ〉の刺繡やアップリケのついた鮮やかな色彩の衣裳と混同してはならない。これらは日常の仕事のためにあるのではなく、権力者の演出の一部としてあるからである[14]。アンジュー公の宮廷と同じようにブルゴーニュ公の宮廷でも、下級職に任じられている者が〈ドゥヴィーズ〉のついた衣服を支給されることは多くはなかった。彼らの持ち衣裳の構成と色彩の選択は、王侯貴族のとりまきに帰属することを明らかにするものではないし、彼らの住まいの調度品に使われる布地が宮廷の生活スタイルに似通っているというわけでもない。

下層の家の織物装飾

都市の貧困層では農村と同じように、室内装飾の目的で織物を使用することは十五世紀半ばまではほとんどなかったといってよい。麻製の敷布と寝台の掛け布団が、彼らの薄暗い住まいでは久しく唯一の明るい部分であった。毛織物の掛け布団は徐々に普及し、〈ビュール〉〈ベージュ〉〈粗悪な毛織物〉といった質の悪い布地は、少しずつ良い毛織物にとって代わられていく。下層民の家にもやがて縞柄が現われるようになり、最初は白や灰色で目だたなかったのが、徐々に青や赤の目だつものになっていく。

ブルゴーニュ公領では衣服の色には長いこと青が優勢であったものの掛け布団には赤が使われることがもっとも多くなった。子どもの服に赤が多いのは、この色に病気予防の効能を認めたためで、掛け布団の場合も同じことかもしれない。十四世紀に寝台の装飾用の布は農民や都市の民衆には触れることはできない贅沢品だったが、十五世紀になるとディジョンでは貧しい職人の家でも、郊外の葡萄作りの家でも寝台に天蓋や背もたれ《ドシエ》がつくようになる。一般には質素な布でしかなく、寝台を取り囲むカーテン《クルティヌ》は一四四〇年頃にはおよそ白い麻製ときまっている(15)。

ディジョンに残されている財産目録のうち、もっとも古い一三九〇年代の記録によれば、粗末な掛け布団しかない寝台にも〈枕〉が備えられている。一番多いのは麻製だが、ときには色ものの薄い絹地のカバーがつき、刺繍を施した麻布でていねいにおおわれ、貴重な絹地が見え隠れするというものもある(16)。絵画と写本挿絵にはこうした例がふんだんに描かれている。床には麦藁を編んだものを敷いたらしく、寒さと湿気を防ぐには安上がりな方法である。一方で壁はむき出しのままであった。

2　形態と色彩の多様性

甲冑から密着服へ

甲冑は騎士階級の男たちに戦闘の職務ゆえに課せられたものだが、同時に彼らの階級の優越性を象徴するために選ばれたものでもある。中世末期の王侯や貴族階級の墓石には横臥像が盛んに彫られ刻まれたが、すべてが足の爪先から頭の天辺まで鎧で固められている。〈永遠の戦士(17)〉である彼らは金属を背負い、陣羽織《コットダルム》という軽い服を着ているだけだが、その衣服を飾る紋章が彼らを、有名無名にかかわらず家系に結びつけている。鉄や鋼との激しい摩擦を和らげるために、生きているあいだ彼らはこの甲羅の下に特別に開発した衣服を着ていた。豪華な甲冑は身体にますます密着するようになり、不快であったことはたしかで、そのためにこの衣服は変化せざるをえなかった。

十三世紀から十四世紀への移行期に、宮廷御用達の仕立て屋がラグラン袖の構成や袖付けの裁断の工夫をしたのは、多分この種の衣服のためであった。これに綿や絹の屑布を布のあいだにはさみ、細かく刺し子にするという縫子の技術が加わって完成した。プールポワンもしくはジポンと呼ばれたこの衣服は腰までの丈しかなく、わずかの布しか必要としなかった。まもなく権勢を誇る領主が、それまで通常に用いていた丈の長い衣服よりも、この種の衣服を好んで高価な絹地で仕立てさせるようになる。いわば下着であり、家庭の内輪の生活のものであったはずの男用のこの服は、脚衣《ショース》と組み合わされて一三三〇年代から若い騎士により表着として用いられることになったが、このような服装には教会ばかりか[18]、都市の富裕階層もまた激しい非難を浴びせた。品位ある装いとは布をたっぷり使った、丈の長い衣服にあると考えていたからである。支配者階級に属し、かつ若者世代に属することは、破廉恥にも身体のかたちをあからさまにする服装によって示されたのであり、以後このような服装は女性の服装と対照をなすことになる。大きくくくられた襟開き、身体に密着した身頃と袖、これだけが女性に許された大胆さであり、女性の身体の半分は隠されたままであった。

十四世紀も前世紀と同じように、上層階級でも衣服に毛織物を使うことに変わりはない。金銀を織り込んだ絹織物のマントや衣裳は、王侯貴族の結婚式や聖別式の機会でもなければ着用されることはない。色彩はあきらかに鮮やかなものを好む傾向にあり、この好みは長く続くことになる。毛織物業者と染物師の技術が進歩し、フェルト化され、ビロードのように織られた最高級の毛織物が享受され、パステル染料［アブラナ科の多年草である大青から得られる一種の藍染料］の濃い青色や、ケルメス染料［南フランスやスペインで採取される貝殻虫から得られる染料で、これで染めた布の代表が次に述べるスカーレットである］から得られるさまざまの色調で染められたが、なかでも深い紫色から明るい赤色まで、また薔薇色から黒色まで種々の色合いをもつスカーレットの魅力が人々を惹き付けた[19]。

スカーレットは、古代とビザンティン世界において貝紫《パープル》が担っていたのと同じ意味をもち、イギリスでは国王のマントの素材に使われた。ただしフランスでは国王は百合花を散らした青色の地を使っている。叙任されたばかりの騎士に与えられるのもまたスカーレットのマントである。紋章の色彩体系のなかでは赤はとくに重要な色で、紋章用語で〈gueules〉ということばは赤の色合いを示す語ではなく、一つの〈概念としての色〉を示し、スカーレットでいい表される一切の色調を指している[20]。またスカーレットの衣服は十四世紀末までアーミン［イタチ科の学名 Mustela erminea という動物の冬毛から得る白い毛皮］またはヴェール［学名 Sciurus varius という栗鼠のとくに腹部の白い冬毛を使った毛皮］で裏打ちされる傾向にあるが、この二つは紋章の図柄にも採用された重要な〈毛皮〉であり、十三世紀末に国王発布の奢侈禁止令で規制される毛皮もこの二つである。画家や挿絵画家は威厳に満ちた高位の人物を描くときには、輝かしい赤と薄い色の毛皮でできた衣服をまとわせることが多い。位にあまりこだわらない図像表現、また王侯貴族の会計記録のなかでは選択の幅はもっと広い。

暗い色調の布が十三世紀から十四世紀初頭に知られていなかったわけではない。〈ブリュネット〉は良質の毛織物で、非常に濃い青色に染めることにより限りなく黒色に近づけた布のことである。この布は十四世紀のあいだに普及し、王侯貴族の会計記録にも都市民の財産目録にもひとしく見られる。くすんだ色調の布にはそのほか〈黒茶色《モレ》〉あるいは〈青灰色《ケニエ》〉といわれる布や、色名に派生し〈茶色《ブラン》〉と形容される布がある。

長期持続《ロング・デュレ》［アナール派フェルナン・ブローデルが使った、歴史の見かたを示すことば。事件（短期持続）、景況（中期持続）に対し、歴史の中にきわめて緩慢に現れる変動のこと］の転換期をなすのは、一三八〇年から九〇年に宮廷服飾に起こった変化である。すなわち西洋服飾に黒という色がさまざまなかたちで導入されたことは、規模の大きさからして単純な流行現象をはるかに超えていた。それまで絹織物は明るい色調や鮮やかな色彩のものが使われていた。ところが今や王侯貴族は黒い絹織物を購入し、それに暗色の毛皮を張り始めた[21]。フィリップ善良公［一三九六—一四六七年。ブルゴーニュ公。父公ジャンが一四一九年に殺害されてから後、公は黒い喪服を脱ぐことはなかったと伝えられる］が黒をまとっていたことから、ブルゴーニュ公の宮廷の影響を年代記作家は誇張しすぎたように思うが、しかしたしかにブルゴーニュ公の宮廷は十六世紀のスペイン王宮にまで黒の好みをもたらす役割を演じた。王侯の宮廷における黒い絹織物に対する好尚は、初期には主に男性のものであった。王妃や王女らは長いこと保守的で、色彩を重視し、すでに王子らがカラブリア地方の黒い子羊や黒貂、ジーネットの毛皮にとって代えたにもかかわらず、ヴェールやレティス［ロシアやスカンディナヴィアに生息した、学名 Mustela nivalis というイタチ科の動物から得られる白い毛皮」といった明るい色の毛皮を使い続けている。毛織物は男女にひとしく広く使われているが、スカーレットに好みが集中し、色ものではとくに灰色が好まれ、黒はまれである。

短調の音階——都市のモード

色彩と素材の選択という点では、宮廷のお洒落な若者たちに始まったモードがどのような情況下で、またどのような範囲で都市民の服装に影響したかを知ることはそれほど難しいことではない。しかし形態については、その変化と社会階層による相違を詳細に示してくれるようなまとまった図像群がなく、そのため記述資料のあまり明解とはいえない情報に頼らざるをえない。

ディジョン市の裁判文書として残されている動産目録は、この点に関する例外的といえる資料群で注目に値する。七百近くの文書から成る資料の大部分は一三八五年から一四四〇年のあいだに作成されており、あらゆる社会階層にまたがっている。衣服に関する記載は変化に富んだものではないが、典型的な衣服については普及の過程を追うことのできるものがある。一三六〇年頃宮廷に登場したウープランドはまもなく、丈の長いものも短いものもブルゴーニュ公の側近のあいだで着用されるようになる。侍従《シャンベラン》の一人はこの衣服を大量に調達している。公御用達の仕立て屋は黒貂で裏打ちした緑の毛織物製のものを一着、サテン製のものを一着所持している。侍従の所持品の多くがそうであったように、多分これらも公の下賜品であったのだろう。宮廷のその他のスタッフでは、たとえば料理人頭の場合、ウープランドはディジョンの富裕階級がよく使うものと同じ毛織物で仕立てられており、裏に毛皮が張られていることさえある。富裕市民のよく使う毛皮は、男物には栗鼠、胸白貂、貂を、女物にはグリ［学名 Sciurus varius という栗鼠の背部の毛皮。灰色なのでこの名がある］、ムニュ・ヴェール［ムニュは細かいという意味で、接ぎ合わせの密なヴェール。ヴェールはグリと同種の栗鼠の毛皮であるが、とくに腹部の毛皮を使う］、レティスである。ウープランドという語は正確な形態を示しているわけではないが、男物の場合は前に開きのあるゆったりした長衣を指す。この語はディジョン市で盛んに使われているものの、富裕階級もしくは衣服製作に関わる職人集団以外ではほとんど使われていない。ウープランドということばは一四三〇年頃に消滅し、ローブという語にとって代わられる。以後ローブは、十四世紀のように重ね着される一揃いの衣裳を指す語ではなくなり、一つの衣服を指すことばとなった。

プールポワンもしくはジポンに脚衣《ショース》を組み合わせた二部形式が外衣として採用されたことについては、なかなか把握しにくい。それはほかの衣服をさらに上に重ねることがありえたし、そうすることが多かったと思われるからである。十四世紀末から十五世紀初頭の職人階級の財産目録のように、プールポワンを粗末な木綿布《フュテン》や麻布仕立てであると記しているときには、何かが重ねられていると思ってよいだろう。いっぽう一四三五年以後は貧しい蹄鉄工もパン屋も、恵まれない葡萄作りも新品の毛織物で仕立てたプールポワンを持ち衣裳のなかに数えている。彼らのフュテン製プールポワンには、毛織物製の〈ジャケット〉と組み合わされている場合があるが、この頃のジャケットは、身体に密着し、丈の短いその他の衣服と区別が難しい。

財産目録の作成者は仕立て方よりも素材の性質とか色彩、あるいは毛皮について詳細に記すことが多い。このような記載のあり方は、これらが判別の要素として重要であったことを示している。絹織物は貴族階級の布である。騎士の末亡人、盾持ち、公の顧問には侍従のような人目を引く贅沢さは決してありえないが、それでも彼らは絹製のコットもしくはローブを一着所持しなければならない。同じような階級の人たちで、規制の様子が分かりにくいのは公の側近たちである。おそらく公の下賜品を利用し、あまり上等とはいえない衣服を仕立てるとか、裏地には毛織物を使うとかしたのだろう。

中世末期にスカーレットという語はいまだ色彩を示す言葉ではなく、ケルメス染料から得られるさまざまな色合いの高品質の毛織物を指して使われる。スカーレットの普及は絹織物よりやや広いというほどで、都市の貴族階級の持ち衣裳にしか見られず、マントやウープランドやローブが仕立てられているほかは、富裕な商人の幾人かがシャプロンを仕立てているだけである。赤の色調には比較的安価で得られるものもあり、それらは都市社会でローブを仕立てるのに好まれている。

ディジョンの財産目録からは、時代とともに色ものの毛織物が次第に地歩を固めていく様子がわかる。カムランやサージなど質の劣る毛織物は次第に使われなくなる。必ずしも鮮明ではないものの〈青《ペール》〉は民衆の服装の主流を占め、また濃く冴えた色調の青色は富裕階層の持ち衣裳にも見られ、高級な毛皮をともなう場合もある。緑色は流布したというほどではないが、くすんだ色調の〈暗緑色〉が好評で、やがて紫に広く凌駕されてしまう。紫色は毛織物商の在庫録によく記されており、普及は最初は限られていたが、一四一〇年から二〇年以後は下層階級にいたるまで、あらゆる市民に好まれている。同じころ灰色と、とくに黒の毛織物が普及しはじめ、次第に主に男物の民衆服の主流となっていく。一四四〇年以後は財産目録の数が少なくなるが、まとまって衣服が記載されると、葡萄作りやパン屋、石工にいたるまで必ず黒い毛織物の服が記されるようになり、これに灰色か青、まれには赤の服が一・二着つくようになる。

対照・混合・ミ-パルティ

宮廷服において黒がほかの色と組み合わされずに用いられるのは、喪の感情を示すときに限られ、このことは市民服においても同様のようである。長衣《ローブ》の裏に毛皮が張られるときには、表地とは違った色調の毛皮が使われることがむしろ普通である。裏地に毛織物を使い、付属品を使えば、よりいっそう色彩の対照が可能になる。立派なスカーレット製のシャプロンは地位の高いわずかの市民にのみ許されることであるが、黒い〈ブリュネット〉や、紫、緑、青、赤の毛織物のシャプロンを一揃い所持するには町の〈ブルジョア〉である必要もないし、金持ちである必要もない。十四世紀に農民がよくかぶる赤いシャプロンは、ディジョンでも市民に好まれている。このかぶり物には青い衣服がつきもので、写本の挿絵画家が貧民の女たちをこのように描くことが多いのは、したがって彼らの想像力の所以というわけではない。とはいえ文書と照合すれば、少なくとも町の女性については挿絵に現われるほど決まりきってはいなかったと想像される。

われわれの文書資料のきわめて簡潔な記載によれば〈切り抜き〉や縁どり、別の色のアップリケなどは例外的で、もっとも裕福な市民にさえこのような節度がみられる。目立った服装が認められるのはブルゴーニュ公の側近の貴族と、宮廷や町で職業もしくは社会的役目により目立つように求められているある種の人たちだけである。〈町の娘〉すなわち売春婦の貧しいある目録は、部分的な記録とはいいながら彼女の地位を明らかに超えた装飾品と色ものの衣服ばかりで構成されている。一四五〇年頃のある楽師の衣服はすべてが複数の色で成り立ち、一着は青と緑の毛織物、もう一着は青と赤で構成されている。二つの黒いシャプロンには色ものの〈垂れ布《コルネット》〉がつき、一つは緑、一つは赤と黒である。これらの装いはミ‐パルティ［衣服の前中心で垂直に左右に分け、色や布地を違えるデザインのこと］といわれるもので、待降節のあいだ町の辻で夜間、音楽を奏させるために市当局が毎年、楽師に支給したものと同じようなものなのだろう。一四〇七年には縞と緑のミ‐パルティ、一四〇九年には赤と黒のミ‐パルティを着用させた例がある。

複数の布地で〈分割《パルティ》された〉衣服はたいそう流行し、十四世紀半ばにはフランス王家の王子たちの絹の晴れ着にも採用され[22]、もはや王子たちに仕えるある種の人びとだけに用いられたのではなかった。アンジュー公ルネの会計記録によれば、公の〈紋章《ドゥヴィーズ》〉が表わされた衣服は時代によって二色もしくは三色を含んでいたことがわかる。これらの衣服は小姓、厩舎や台所の召使、後には兵士らに用いられているが、彼らだけに割り当てられたわけではない。必ずしも理由は記されてはいないが、アンジュー公の館ではほかの奉公人にも、また別の貴族の奉公人にもこの種の衣服は支給されているからである。二色もしくはそれ以上の数の色で〈分割された〉衣服が幾人かのディジョン市民の衣装箱に見られるのも、同じようなことなのだろう。

しかしまた十五世紀の〈仕着せ《リヴレ》〉という曖昧なことばには考慮が必要である。このことばは貴族から召使にいたる宮廷の構成員に半年ごとに支給される布地を指す一方で、弁別を目的としてある種の人たちに限って支給される衣服を指すこともあるからで、後者の意味の場合は、単に識別のしるしが一つ付いただけの無地の衣服にすぎないこともあるからである。無地であれ二色を半々にしたものであれ、王侯にならって〈仕着せ〉を支給する人物はほかにもいるし、市当局もまた同様で、〈弓隊の仕着せ〉は〈三つの布地〉でつくられ、市軍の兵士は毎年色を変えている。ただし詳細な記録によれば、これらは必ずしもミ‐パルティではなかった。一四三九年の財産目録には〈赤と白が斜めに入った青〉の仕着せが一着記されているし、一四五四年の目録には故人に〈仕着せのローブとして〉戻された布地について、二オーヌ半の青に対し赤は半オーヌしか記されていないからである。

壁掛け布の発展

祝祭時の街路の風景にはかなわないものの、町では家のなかに次第に色が付くようになる。白い麻布の掛け布団は廃れ、かわってまず富裕階層から鮮やかな色調や多色の縞柄の掛け布団が好まれていく。寝台の上には天蓋を、枕元には〈背もたれ《ドシエ》〉をつくることが頻繁になり、装飾としての気遣いも示されるようになる。遺品はきわめてまれであるから、あまり知られてはいないが、中級クラスの家でも模様のある麻布が、それまで使っていた粗末な布地にとって代わるようになる。同様に寝台を囲むカーテンにも、麻布製で白いことがまだ多いとはいえ色がつくようになる。青がもっとも多いが、緑も使われ、後には黒が好まれることもある。織柄や房飾りもまたカーテンを彩る。

十四世紀最後の数年間では、寝室に上等の織物を使い、色の付いた〈寝室用具《シャンブル》〉を揃え、それらの装飾を統一できるのはディジョンに住む貴族に限られている。やがて資産家町人《ブルジョア》の幾人かが同じような贅沢をするようになる。寝台の枕元に付けられた〈背もたれ〉にも、寝台や長椅子に置かれたクッションにも、洗練された色と素材と飾りが絶えず求められ、なかにはタピスリーや、金糸を織りこんだ絹織物が使われることもある。[23]

家の主人の財産がゆるせば長椅子や、暖炉のそばに置かれた回転長椅子《トゥルニ》［背もたれの部分を前後に倒すことができ、暖炉に向かって座ることも、背を向けて座ることもできるようにした椅子］がとりわけ染織品でふんだんに飾られることになる。長椅子用の布を指す〈バンキエ〉は長椅子全体に掛けて使うときもあるし、畳んで使うときもあるが、これよりクッションの方が普及している。〈バンキエ〉は簡単なカバー、もしくは一枚の毛織物の布でしかない場合もあり、掛け布団の場合よりも縞柄の布地が使われることがはるかに多い。一四五〇年頃には竪機で織りあげたタピスリーや、刺繍をほどこした掛け布が長椅子に掛けられることもあり、そこに花柄や動物文や貴族の生活情景が描かれていることもある。

壁面装飾については、単色で塗られた部屋や、動物の模様が描かれた部屋のことを記している財産目録が都市部にあるものの、壁に染織品を掛けたことを記しているものは皆無である。とはいえ〈バンキエ〉から掛け布団や柄のある麻布にいたるまで、祝祭の折りにはこれらを吊るして飾りにしたということは考えられなくはない。

3　王侯の生活情景

宮廷――宮殿と装飾

宮殿から城館へ、ときには田舎の屋敷へと宮廷は常に巡回し移動しているが、これらさまざまな住まいに関する情報に事欠くことはない。ヴァロワ王家、ブルゴーニュ公家、ベリー公家それぞれの財産目録に[24]、色ものの絹地に金糸が織り込まれ、刺繍がほどこされ、房飾りがついた最高に贅沢な布地の〈寝室用具《シャンブル》〉や〈礼拝用具《シャペル》〉が記されている。財産目録のなかには時代の流れを把握させるまとまったものがあるが、それらによればこうした貴重な布地は王侯の権威のしるしとして、流行とは別の価値をもち、かつ寿命の長いものであったことがわかる。

プロヴァンス領におけるアンジュー公の宮廷については、一世紀間の動きを明らかにした研究書がある。[25] 初代アンジュー公のルイ［一三三九－八四年。フランス国王シャルル五世の弟］は十四世紀末、兄弟にあたる国王やブルゴーニュ公、ベリー公と同じように竪機の豪華なタピスリーを購入していた。なかでも有名なのが今日アンジェ市に保存されている、一連の《黙示録のタピスリー》［一三七七年頃に織師ニコラ・バタイユによりパリの工房で制作された壁掛け。『ヨハネの黙示録』を表わした七〇場面が現存し、中世タピスリーの最高傑作とされる］である。初代アンジュー公の孫にあたるルネ王はアンジュー領からプロヴァンス領に移動するとき、この〈見事な壁掛け〉を携えている。ルネ王は城館の壁に必ず毛織りのタピスリーを掛けさせ、床には〈トルコの〉絨毯を敷かせている。しかし財力が必ずしも充分ではなかったこと、またイタリア趣味をもっていたことから、別の新しい装飾のあり方を追及している。つまりアンジュー領とプロヴァンス領にある多くの屋敷には、壁掛けと競いあうかのように壁画が描かれているのである。とはいえ寝台が絹地の〈シャンブル〉で飾られていることに変わりはなく、最初の妻の死去の際にはアンジュー城の主要な部屋はフィレンツェ製の黒いタフタで張り巡らされた。布地に絵を描くことは十五世紀の半ばにディジョンで若干見られるのであるが、すでにシャルル五世の宮廷で白い絹地の単色画《グリザイユ》が〈四旬節のシャペル〉に用いられた例がある。[26] ルネ王は一四六〇年以後この方法を頻繁に用いるようになるが、絹織物と色彩の威光を断念したわけではなく、マルセイユの邸宅では自身の私室には赤を、妃の私室と大広間には緑を使っている。[27] ルネ王の御用画家は、イタリアで書物に記されるほど普及していた技術を用い[28]、邸宅にさまざまな飾りを施している。それでも刺繍の壁掛けが捨て去られることはなく、ルネ王の屋敷や礼拝堂を相変わらず飾っている。折しもフランドル地方とアルトア地方ではタピスリーの技術がそれまでになく飛躍を遂げ、毛糸に金糸と絹糸を加えて織った豪奢な壁掛けが生産されていたが、フランス南部の宮廷では刺繍の方が好まれ、ミラノとヴェネツィアにあった大工房が注文に応じている。それまでは専ら宗務に用いられた豪奢な装飾は、十四世紀末以後は王侯の儀式場から寝室にまでおよんだということである。壁掛けのこうした〈俗化〉は政治的権力の確立に重要な役割を演じ、このことは華麗な服飾についても同じことであった。

役割と人物

十四世紀後半の財産目録には、金糸や真珠や宝石を使って刺繍を施した衣裳が挙げられていることがあるが[29]、十五世紀になるとこのような衣裳は好まれなくなったようである。つまり十五世紀は、豪華な装飾もさることながら、品質と数量と多様性が王侯の服飾を特徴づける時代である。日常生活の習慣は宮廷ごとに異なり、また時代・資産・人格・年齢・王侯家の人間関係による差異が必ずあった。サヴォア公ルイ［一四四〇―六五年。サヴォア公領は現代のフランス、イタリア、スイスにまたがる地域］は十五世紀前半にはめずらしく服装について厳格な習慣をもった人だったが[30]、一方には〈日常服《ローブ・コミュヌ》〉を絶えず新調している大貴族はたくさんいる。ただしこの種の衣服は屋敷の親しい人たちに分配されてしまうため、王室の財産目録からは抜け落ちてしまう。こうした衣服を取得するリズムは考えてみるに驚くほどで、アンジュー公ルネがローブだけで一年におよそ二〇着というのは[31]、おそらく栄華をきわめたブルゴーニュの諸公の水準を凌駕するものであろう。

宗教上の祝日は宮廷の時の流れに節目をつける。復活祭、降臨節、聖体の祝日、あるいはクリスマスに衣裳が新調される。アンジュー公が真紅のビロードやサテンを使い、ときに妻にも同じような衣裳をつくらせるのは、こうした機会である。サヴォア公の宮廷では赤という威光ある色は、後継者である長男の色と決まっている。弟たちは年齢に応じて、さして珍重されない色の衣服を着せられる。宮廷の構成員に一年に二度布地を支給するという伝統は、享受者の身分に見事に対応して実行される。宮廷で支給される毛織物の衣服は色彩によっても価格によっても、各人が属する各階級の習慣に合致する。とはいえこのような伝統的な支給のなかには身分を超えた豪華で美々しい贈答品のこともあり、そのために享受者はより高い地位に押し上げられ、かつ自身の購入の足しになる場合もある。

王侯から目立つ服装を強いられ、明らかに装飾的な役割を担わされている人たちがいる。王侯の〈紋章《ドゥヴィーズ》〉には複数の対照的な色彩が使われているが、こうした色彩の衣服を支給される人たちの集団がもっとも数多い。この衣服は必ずしも制服として着用されたわけではなく、アンジュー公ルネの小姓の場合、無地の衣服やさしてけばけばしくない色の衣服も同時に支給されている。地中海のかなたから連れて来られた奴隷たちは次第に宮廷の一員として取り込まれていくが、プロヴァンス領のアンジュー公の宮廷では彼らは〈ドゥヴィーズ〉の衣服を支給されるほどきわだった地位を占めている。この宮廷にはトルコ人らしい人物が一人、白人か黒人か不明であるが、アフリカ人が幾人か認められる。彼らは普通は安価な布の服しか着ていないが、色彩は赤や薄緑や〈トルコ〉青などいつも派手で、風変わりな裁断も彼らには許されたようにみえる。彼らの姿をいっそうエキゾチックにしようと〈サラセン人のローブ〉が購入されたこともあり、祝祭には〈トルコ人〉の仮装をさせられたこともある。モール人はフランスとイタリアでは他の宮廷にも見られるが、彼らの姿にただよう異国情緒をアンジュー公ルネほど堪能した人はいなかったにちがいない。

もう一つ宮廷の風景に非日常性をもちこむのが男女の道化で、彼らもまた緑、濃紺《トルコ・ブルー》、黄など複数の派手な色の服を着せられ、鈴をちりちり鳴らしている。彼らは姿の上で役目を果たしているばかりではない。彼らには発言権があり、しかも主君にも自由に語れる例外的な発言権である。おそらくこのように親しい関係にあるからこそ、王侯が親族に贈るものに匹敵する贅沢な毛皮や絹地を使った、地位に不釣り合いな豪華な装いを道化はすることがあるのだろう。

仮装は、宮廷のやや周縁にあるこうした人たちのためにばかりあるのではない。農民や市民と同じように、王侯やとりまきも変装をして祭を祝うことがあった。王侯がすすんで仮装舞踏会に参加し、野蛮人の仮装「一三九三年、フランス王シャルル六世の宮廷で五人の若い貴族が野蛮人に扮した仮装舞踏会は有名。五人の衣に松明の火がつき、焼死する事故が起きた。体中が毛でおおわれ、棍棒をもった異国の森の野蛮人の姿は中世の図像に頻出する」をしたことは、年代記や図像によって伝えられている。アンジュー公ルネの帳簿には、宮廷の貴婦人方が公の御前で〈モール風〉の踊りをするときに着るように麻布を購入したと記すものがある。ただし公自身がこうした宮廷の遊戯に参加したのかどうかまではわからない。

宮廷の下手《しもて》——戸外の生活

たとえ城館でも住環境が必ずしも良いとは限らない時代には、人びとはより感覚的である。そこで心地よい季節が到来すると人びとは生気を取り戻した自然のなかでこれを祝い、王侯たちもそのような世俗の祝祭を好んでとりおこなった。アンジュー公ルネのために製作された衣服のうち田園での祝祭に当てられたのは薄緑色の衣服に限られ、一つは五月祭［今日のメーデーの古いかたち。ケルト人の樹木崇拝に由来する、春を迎える祭礼で、中世末期にはこの日、緑の服をまとう習慣であった］に、もう一つは家令《セネシャル》の企画した「羊飼女の武芸試合」［一四四九年六月、プロヴァンス領タラスコンで開かれた騎馬槍試合］に用いられている。騎馬試合や槍試合は宮廷または個人のあいだで武術と武装を競うときで、参加者にとってはおのれを演出するまたとない機会である。兜の上に載せられる頂飾り《シミエ》は紋章の伝統に従うというより、むしろ空想的であり哀歌調であり滑稽味を帯びることの方が多い。馬の覆い《ウスュール》も、甲冑の上にまとわれる衣服の装飾も紋章もしくは〈ドゥヴィーズ〉に想を得たが、宮廷文学からとったわざとらしいともいえるデザインのこともよくあった。最高に贅沢な絹織物には刺繡がほどこされ、金銀の飾りがつき、鈴や小さな鐘がさがり、ためらうことなく、ひけらかされる。アンジュー公ルネの著わした『騎馬試合の書』[32]は、模擬戦の礼儀作法として誇示することがいかに大切かを力説している。騎馬試合に召集されるのはフランスでは騎士階級に限られているが、参加する騎士は自身の紋章を公表するために四日前に旅籠屋に入っていなければならず、したがって騎馬試合は都市周辺で見られる光景でもあった。写本挿絵には騎馬試合の企画者が小姓や楽師や紋章掛りをともない、騎士や盾持ちを従え華々しく行列をつくって町に入るさまが描かれ、そこに市民の姿は描かれていないが、単なる観覧者にすぎないとしても市民がこの場にいなかったはずはない。

　宗事であれ俗事であれ王侯が市中に出る機会は多かったが、護衛隊と儀仗馬と馬車によって距離を隔てられ、一行が市民にたち混じることはない。王侯が都市に入市する際は、今度は都市が見世物を提供する番である。街路は壁掛けにおおわれ、建物の正面にも壁掛けが飾り付けられ、また壁掛けは沿道に舞台をしつらえるのに用いられ、舞台では忠誠心を象徴する人物が並べられ余興が演じられもした(33)。このときの俳優は、ちょっとした端役にいたるまで美々しい恰好をさせられる。フランス王妃はブリュッヘ市に入市した際、歓迎の女性たちの装いの素晴しさに驚いているから(34)、貴婦人方も富裕市民層の婦人には顔負けであったのであろう。

中世末期には王侯同士で、また王侯と都市のあいだで対立が激化することが頻繁になるが、戦闘をおこなうのはもはや騎士階級ばかりではない。市民はとくに防衛の目的で武術と砲術を学び、大方の市民が甲冑と武器を所持するようになる。市民が蜂起しても、田舎にいる王侯はおのれの地位にみあった恰好と暮らし振りを維持しようと努めている。戦争になれば騎士の働きよりも歩兵や射手の方が決着をもたらすことが多いとはいえ、戦い前夜の陣営では王侯の館での慣習や組織が反映しがちである。幕舎《テント》には目的により差異があり、料理場や馬をいれておくには麻布製で、使う者の地位に応じて豪華な布地が使われることもある。色ものの絹製で紋章や刺繍の飾りがつくときもあり、戦勝をおさめたときには豪華な戦利品ともなる(35)。

宮廷と都市はどのようなレヴェルでも関わりをもっていたにもかかわらず、生活の仕方については格差は大きいままである。これが、織物の選択と使用のあり方からわかることである。接触という点でいえば、平民が宮廷に奉公に入ったとき、また下級貴族の娘が富裕市民に嫁いだとき、外観と鷹揚のこころを尊重する宮廷の思想と、別種の投資を優先する富裕市民《ブルジョア》のこころとのあいだに葛藤があったことは、動産目録にかいま見える。

十三世紀から十五世紀のあいだフランス領のどこにあっても、都市の発展は地中海地方ほどに活発ではない。貴族の住居の装飾や服飾様式を模倣したいという気持ちは、この国ではおそらくそれほど強いものではなかった。したがって国王がふたたび素材に関する規制を定めるのは、十五世紀の最後の数年になってのことである。国王は貴族と連帯し、富裕市民《ブルジョア》階級の権力の上昇を視覚的表現の上で抑制しようとした。勅令の条項からは衣服による優越性の表現が、十三世紀末以来どのように変化してきたかが明らかである。貴族階級が維持しようとしたのは、もはや上等な毛織物や権威ある毛皮を使うことの特権ではなく、絹織物と金の宝飾品を独占することであった。

註

（1） L. Trichet, *Le Costume du clergé*, Paris, 1986, p.35

（2） J. Le Goff, «Les ordres mendiants», *Moines et religieux au Moyen Age*, présenté par J. Berlioz, p.231

（3） F. Boucher, *Histoire du costume en Occident de l'Antiquité à nos jours*, Paris, 1965, p.200

（4） ボワイエが刊行した次の遺言資料のなかに多くの例がある。L. Boyer, *Introduction à l'étude des testaments foréziens suivie des testaments enregistrés à la cour du Forez 1310-1313*, Mâcon, 1964. 次を参照。M. Gonon, *La Vie familiale en Forez au XIV*^{e} *siècle et son vocabulaire d'après les testaments*, Paris, 1961, pp.148-152

（5） F. Piponnier, *Costume et vie sociale, la cour d'Anjou, XIV*^{e} *-XV*^{e} *siècle*, Paris, 1971, p.227

（6） *Le Livre des métiers d'Etienne Boileau*, R. de Lespinasse et F. Bonnardot (éd), Paris, 1879, pp.LXXVIII-

LXXX et 159-166

（7）コット・ドール県古文書館蔵の財産目録について調査中である。城主領およびバイイ裁判所管区の会計記録に記されているものの一部は次に掲載されている。B. et H. Prost, *Inventaires mobiliers et extraits des comptes des ducs de Bourgogne de la maison de Valois (1367-1477)*, Paris, 1902-1913. ディジョン市庁蔵の財産目録（série B II/356）は未刊行である。

（8）P. Mane, *Calendriers et techniques agricoles (France-Italie, XIIe -XIIIe siècles)*, Paris, 1983, pp.123-140

（9）上記註4と7参照。

（10）次の書の序論に拠る。E. Crowfoot, F. Pritchard et K. Staniland, *Medieval Finds from Excavations in London : 4. Textiles and Clothing*, London, 1992

（11）M. Pastoureau, «Et puis vint le bleu», *Europe*, no.654, 1983, pp.43-50

（12）F. Piponnier, M. Closson, P. Mane, «Le costume paysan au Moyen Age : sources et méthodes», *Costume et Sociétés 2, L'Ethnographie*, CXXVI^{e} année, t.LXXX, pp.291-308

（13）P. Mane, «Emergence du vêtement de travail à travers l'iconographie médiévale», *Le Vêtement. Cahiers du Léopard d'or*, 1, 1989, pp.93-122

（14）C.Beaune, «Costumes et pouvoir en France à la fin du Moyen Age : les devises royales vers 1400», *Revue des sciences humaines,* t. LV, no. 183, juillet-septembre 1981, pp.125-146

（15）F. Piponnier, «La diffusion des tentures à la fin du Moyen Age : l'exemple de la Bourgogne», *Tentures dans le monde occidental et arabo-islamique au Moyen Age*（Journée d'études du CIHAM, Lyon, 1994）*Mélanges de l'Ecole Française de Rome, Moyen Age*, 1999

（16）F. Piponnier, «Usages et diffusion de la soie en France à la fin du Moyen Age», *La seta in Europa, secc. XIII-XX. Settimana di Studi Prato 1992*, Firenze, 1993, pp.785-800

（17）S. Guilbert, «Combattants pour l'éternité. Représentations de combattants sur les pierres tombales de

Châlons-sur-Marne», *Le Combattant au Moyen Age*, Saint-Herblain, 1991, pp.267-278

(18) J. Quicherat, *Histoire du costume en France*, Paris, 1877, pp.229-230

(19) J. H. Munro, «The Medieval Scarlet and the Economics of Sartorial Splendour», *Cloth and Clothing in Medieval Europe (Essays in Memory of Professor E.M. Carus Wilson)*, N.B. Harte et K.G. Ponting (ed.), London, 1983, pp.13-70

(20) M. Pastoureau, *Traité d'héraldique*, Paris, 1993, 2e éd., p.100

(21) R. Delort, *Le Commerce des fourrures en Occident à la fin du Moyen Age*, Roma, 1978, 2 vol., pp.437-447

(22) L. Douët d'Arcq, *Comptes de l'Argenterie des rois de France au XIVe siècle*, Paris, 1851

(23) P. Mane, «Le lit et ses tentures d'après l'iconographie du XIIIe au XVe siècle», *Tentures dans le monde occidental…, op.cit.*

(24) J. Labarte, *Inventaire du mobilier de Charles V*, Paris, 1879 ; J. Guiffrey, *Inventaires de Jean de Berry (1401-1416)*, Paris, 2 vol., 1894-1896

(25) F. Robin, *La Cour d'Anjou-Provence. La vie artistique sous le règne de René*, Paris, 1985, pp.143-162

(26) «Le parement de Narbonne», Paris, Musée du Louvre ; V. Gay et H. Stein, *Glossaire archéologique du Moyen Age et de la Renaissance*, Paris, 1883-1929, chapelle の項目を参照。

(27) F. Robin, *La Cour d'Anjou-Provence, op.cit.*, p.162

(28) D. Cardon, «A la découverte d'un métier médiéval : la tenture, l'impression et la peinture des tentures et des tissus d'ameublement dans un manuscrit italien du Quattrocento», *Tentures dans le monde occidental…, op.cit.*

(29) たとえばアンジュー公ルイ一世の例がある。 Paris, B.N.F., Ms. Fr. 11861, 11862

(30) A. Page, *Vêtir le prince. Tissus et couleurs à la cour de Savoie (1427-1447)*, Lausanne, 1993, pp.61-74

(31) F. Piponnier, *Costume et vie sociale, op.cit.*, p.169

(32) *Le Livre des Tournois du roi René de la Bibliothèque nationale, Ms. français 2695* (E. Pognon による抜粋翻案), Paris, 1986, F. Avril の序文。

(33) D. Alexandre-Bidon, «Tentures d'extérieur et de lieux publics», *Tentures dans le monde occidental*…, *op.cit.*

(34) J. Quichrat, *Histoire du costume en France, op.cit.*, p.205

(35) F. Lachaud, «Les tentes et l'activité militaire ; les guerres d'Edouard Ier Plantagenêt (1272-1307)», *Tentures dans le monde occidental*…, *op.cit.*

ミシェル・パストゥロー

青から黒へ
——中世末期の色彩倫理と染色

V 色彩

画家、染物師、神学者――中世ヨーロッパにはこの三人の色彩の〈スペシャリスト〉がいた。これらに紋章と旗と仕着せの専門家たる紋章官をつけ加えることもできるだろう。もっとも、遅れて社会に登場してきた紋章官の世界と画家のそれとの境界は長いあいだ曖昧なままであった[1]。さらに、いくつもの手工業《メティエ》組合の職人たち――たとえば仕立て屋、毛織物業者、金銀細工師、七宝細工師、錬金術師、医師――を加えることも可能である。彼らはさまざまな名目で、色彩の世界と大なり小なり密な関係を保っていた。しかしこういった職人たちのうち色の製造、流行、倫理の領域で、画家や染物師や神学者に比肩しうる役割を演じたものは実にひとりとしていないのである。

これら三者は、ちょっと見ただけでは信じられないほど大きな影響を互いに与えあっている。色彩の世界では技術と象徴性とが複雑にからみあっているから、歴史家はそれらの一方をなおざりにし、もう一方だけ研究するのでは意味がないであろう。染料化学と色彩観念のあいだには絶えざる往来があるが、あるものを選び、実行にうつし、様式や価値体系を決め、優先するのはたいてい後者のほうであると私にはおもわれる。中世の人間にとって観念と象徴の領域に属するものは、化学や技術の領域に属するものよりもいつも重要で拘束力をもつものなのである。私は別の機会に、十二世紀から十三世紀にかけて起こった〈青の革命〉に関し、これら二者の領域がどのように位置づけられるのかを論じた。そして青の地位が新たに向上したことが、最初はどのように宗教的な象徴現象であり、マリア信仰の発展にも結びつくことになったのかを、次いでどのように社会的な象徴現象となり、新しい社会秩序に新しい色彩の秩序が対応し、以後青が白や赤や黒と同じように色彩秩序の極となる役割を演じることになったのかを論じた[2]。これらの象徴現象は染色技術や染料化学が進歩し、芸術家の美的関心が向上するよりもはるか以前に起こったことなのである。西洋の染物師たちは数世紀、いや千年以上にわたって濃く鮮やかな美しい青に布を染めることなどできなかったのに、突如として（一一八〇年と一二五〇年のあいだに）それが可能になったのは、象徴体系の作り手である神学者、続いて紋章官や詩人が、新たに青を色彩秩序の極とする必要を感じたからである。彼らによって織物や衣服におけるこの色の価値は高められ、そしてついに聖王ルイ［フランス王ルイ九世。在位一二二六―七〇年］の治世の末期に王家の服の色にまでなりえたのである。

今や染物師にとって重要であることは、写本挿絵画家、七宝細工師、ステンドグラス画工、そして図像やその他の芸術プログラム、また日常生活のなかで色彩を演出するすべての者たちにとってもまた同様なのである。

1　費用《コスト》と色

しかしここで歩みが止まってしまうことはない。なぜならば、これら種々の技術と芸術の領域で新たに青の色調が拡大し普及すれば、そのために今度は逆に、色の象徴性がその座と向きを変え、豊かになり、そして関連する価値体系が再構築されることになるからである。さらに、観念上の規範と技術的な要請のあいだには第三の要因、経済的要因が介在してくる。この要因ははじめの二つの要因に関わり、しかも重大な影響を及ぼしうるものである。中世末期の色の問題は、たしかに何よりもまず金銭の問題であった。

例として聖母のマントを取りあげることにしよう。そのマントの色は十三世紀以来（地域によっては、それより少し前から）、象徴的・図像学的な理由から青でなければならなかった。もっともこの青はおそらくどんな色調でもよいのであって、今日私たちが紺青色《アズュール》、青緑色《チュルコワーズ》、藍色《インディゴ》、群青色《ウートゥルメール》などと呼んでいるものである。このようなことはさして重要でもないし意味もない。むしろ職人の好みとか、職人の扱う素材とか、また青を他の色とどう合わせるかということが、さらに職人の技術的な知識や、工房での作業方法、市場で入手できる顔料がいつ、どこで、どれほどの価格だったかということのほうが問題となる。というのは、少なくとも質の高い作品の場合はとくに注文者の意向次第で、聖母のマントを青く塗るのに必要な顔料の購入にどのくらい支払えるのか、その金額が問題になるからである。顔料はステンドグラスかフレスコ画か、あるいは板絵か写本挿絵か、制作させるものがなにかによって異なる。芸術創作がどのような領域で、どのような技術を用いるのかにより、青の顔料の色調は、漿果（クワの実やスノキの実の類）の色素に少量の大青を混ぜたごく普通のものから、ラピス・ラズリのように貴重で、最高に値のはるものまで多様な変化をみせる[3]。

十四・十五世紀に職人と注文者とのあいだで交わされた多数の契約書には、作品のどの部分に、どのような質でどのような価格の顔料が使用されるべきか、それもとくに赤、青、金に関しては詳細に記されている。これら実地の記録は、十九世紀の碩学には分析にまで至らなかったものの注目されることはあったものだが、今日の美術史家には顧みられもせず、また評価もされていない。しかしこれらは、中世末期の絵画制作活動の本質に関するもっとも重要な証言である。いかなる絵画もまず色の問題、すなわち価格の問題である。幸運にもマイケル・バクサンドールのすでに古典ともいえる研究は、このような実地のデータの重要性を喚起し、いくつかの具体例からその情況を明らかにしている[4]。

これらの契約書は、芸術的な問題と経済的な問題がいかに相互に依存しあっているかを物語っている。どんな芸術作品であろうと、とくに絵の具のことを含めてまず金銭が問題となる。そしてどんな芸術作品も金の力と関係し、その見返りとして権力の道具、権力のしるしとなりうるのである。

　こういった契約書は、板絵であれフレスコ画であれステンドグラスであれ、視覚的印象だけでは色を読みとることはできないということも教えてくれる。あえて大雑把な例をひとつ挙げてみると、聖母のマントが色彩用語上では、その絵のほかの部分に使った青と〈同じ青〉にみえるとしても、色として同じ価値をもっているというわけではない。ラピス・ラズリとドイツ青（きわめて一般的な鉱物性顔料）を場所によって使い分けても、化学的触媒作用と時間の経過により、おそらく同じ印象の青に仕上がるだろう。しかし一方は大金がかかり、他方はただ同然という異なる顔料から得られた二つの青は、まったく違ったものとして読みとられねばならないはずである。

　したがって図像史家は、図像の色を経済用語、すなわち財政的・政治的用語で読むことができるように学び、また学び直さなければならない。聖母のマントを描くために、どれほどの価格でどれほどの質のラピス・ラズリを、どれだけ必要とするかは、なにも注文者や庇護者《メセナ》の思いつきなどではないし、まして単にキリストの母に対する文化的な敬意によるのでもない。それはまさしく芸術作品によって喧伝される権力の誇示であり、その痕跡が公証人の作成した契約書にとどめられているのである。高価な顔料は社会的標徴である。

　このことは衣服において、もっともはっきりとしたかたちで現われる。というのも色彩は織物という素材とつねに特別の関係を保っているからである。現代絵画のある巨匠が断言したように〈描くことは染めることではない〉[5]けれども、歴史のなかで織物に当てはまることは、絵画も含めて色彩が置かれる素材の大部分にもまた然りなのである。社会のなかで色彩の地位と機能がどのように変化してきたかを語ろうとするとき、布と衣服の領域はもっとも豊富で内容のある資料となる。物質的な問題を観念上の問題に、そして美的な問題を経済的な問題にもっとも緊密に結びつけているのが織物の世界である。そこでは、染料化学、染色技術、財政上の制約、商取引、芸術性の追求、象徴性への配慮、社会的コードと表現体系の構築など、色彩に関するあらゆる問題が呈示される。歴史家にとって織物は、とりわけ学際的研究に恵まれた分野であるといえよう。

2　染物屋訪問

いつの時代にも布を染めるということはデリケートな作業であり、なおかつ社会に生きる人間にとって本質的な活動であった[6]。しかしながら、染色史から浮かびあがってくる多数の問題にはいまだに解答が与えられていない。織物の生産と取引——ヨーロッパ経済の二大原動力——に関しては、一世紀近くも前からあれほどたくさんの研究がなされてきた中世ではあるが、問題点の多くについて我々の知識は欠如したままである。知られているものといえば、コストの問題くらいである[7]。

中世末期における高価な衣服とは、色が「堅牢な」もの、すなわち色が布の繊維のなかにまでしっかりと浸み込んでいるものである。庶民の衣服が染められる場合——十四世紀のヨーロッパではとても一般的とはいえないが——、くすんだ灰色っぽい褪せた色でしかなかったから、これと王侯、高位聖職者、富裕な貴族の着る鮮やかで光沢を帯びた服とのあいだには、したがってきわめて大きな格差が生じる。フランス国王フィリップ美王《ル・ベル》とその国の名もない一農民は、たしかに両者とも青い服を着ることができたが、その青はまったく異なるものであった。つまり一方は褪せて薄汚れて灰色がかったものであり、もう一方は鮮やかで光沢があり深いといえるほどに濃い色である（そのようなわけでカペー朝の聖別式における衣服の色は、フランス王家の紋章の紺青《アズュール》から、赤紫《パープル》の鮮やかさと深みを取り戻したかのような濃い菫色《ヴィオレ》へと変化したのである）。中世の人びとの目には、それらは同じ青として映らなかったばかりか、同じ色ですらなかった。濃い青というのは、褪せた青よりはどちらかというと濃い赤に近いものだった。これが原初の感性の現実なのである(8)。

このようなわけで染料、媒染剤、「染物業」の技術が重要性をいっそう増してくる。同じ質と幅の布地でも、色の違いで価格が三倍、四倍、あるいは十倍にも跳ねあがり、色相が赤であれば、このことはとくに顕著にあらわれる（十五世紀のジェノヴァやミラノには、多数の例が存在する(9)）。中世ヨーロッパでは染物師は人数が多く、裕福で力のある職人であった。彼らはしばしば他の職人組合、とくに同じように布を染めることのできる織工と紛争を起こした。古代ローマ以来の歴史をもつ両者の紛争は、近代を迎えるあたりまで続くことになるが、このことは二つの職種が組合組織と経済の上でいかに大きな力を有していたかを示している。染色という職業は、手工業社会と、それに次ぐ黎明期の工業化社会でつねに高い評価を受けていた。今日でもなお〈染物業〉teintureriea ということばを使うことには、象徴的なものが跡をとどめている。フランス語のこのことばは、職業や商売をあらわす語として今でも使われているが、文字が表わしている染色という作業は完全に失われ、衣類の洗濯という単純作業をその役目としている。

中世の染物師の専門は細分化されている。彼らはひとつの色相、止むを得ない場合にも、類似した二種類の色相にしか携わることができない。たとえば青の染物師は赤に染める権利をもたず、またその逆のケースも同様である。そのかわり前者は、菫色や緑に染める仕事を引き受けることもできるし、また後者は黄色に染めることができる。イタリアやライン川の渓谷、南フランスの町には、青の染物師が、大青やパステル（普通の布地用）を扱う職人と、インド藍（絹織物用）を扱う職人に分かれていたところもある。赤の場合も同様で、アカネ（一般用）専門の職人と、ケルメスやコチニール（高級布地用）を取り扱う職人とがいる。これらの職人のあいだでは、同じ町のなかでも町同士でも諍いが頻繁に起こっている。たとえばフランスでは十六世紀になると、パステルの都市トゥールーズとインド藍の都市マルセイユが激しく対立することになる。[10]

染物業のこのような厳密な専門化は、いたるところで厳しく規定されている。それは、都市と組合の組織上の問題と、それに伴ういっさいの社会経済的争点、そして媒染技術の問題とに起因している。「媒染剤」とは、染めるべき織物の繊維と使用する染料の色素成分とのあいだで化学的に仲立ちをする物質であるが、これは色相、布地の質、また染料の性質により異なる。媒染剤はどんな染色作業にもけっして欠かすことはできず——媒染剤なしに染色は不可能である——、自然の状態の布から不純物を取り除き、染めに堅牢性をもたせる。したがって染料とまったく同じように、布の価格を決めるのは媒染剤なのである。中世ヨーロッパでもっともよく使用されたのはミョウバン——十四世紀から貿易の主要な対象である[11]——、酒石、石灰、塩化錫、硫酸鉄、硫酸銅であった。

媒染剤と染料は高価である。不正行為は後をたたず、色がすぐ褪せてしまうような布を、丈夫だの長持ちするだのといってごまかそうとする商人は数知れなかった。たしかに工業化時代が到来するまで、ものによってはその後もなお、ヨーロッパの染色は思い通りに色を出すということと、その色を繊維の中にしっかりと固着させるという二つの問題を絶えず抱えていた。

古代によく〈染まった〉唯一の色は、〈ホネガイ〉と同族で、地中海に棲息する貝の一種から採る赤紫《パープル》であった。パープルは退色しないだけでなく、時間が経つにつれてより鮮やかで深みのある色合いが加わった。それゆえ経済的にも象徴的にも価値が高まり、[12] また模造品がはてしなく出回ることにもなった。本物のパープル染料はほんの少量得るためにも膨大な量のホネガイを要し、保存がきかないために手早く作業を行なわねばならなかったからである。中世にはパープルの使用は（おそらくシチリアを除いて）ほとんどみられなくなり、深みと光沢のある赤に布を染めることのできるのは、唯一〈ケルメス〉染料だけとなる。ケルメスについては後でまた触れることにしよう。

3　堅牢度の高低

したがって布を染めることは時間のかかる困難な作業である。動物性や植物性（ときには鉱物性）の物質のなにを使うかは、染めたい色によって異なるばかりか、布地の質によっても異なる。羊毛、亜麻、麻、絹、綿はそれぞれ違った染料と媒染剤と工程を要する。さらに動物性や植物性の物質を染料にする作業（粉砕、煎じ出し、煎煮、浸漬、発酵など）は、古代から十八世紀までいつも厄介なことであった。そのようなわけで染物業には長いこと何かしら秘密めいたものがまとわりつき、そこで先に述べたような染物師の社会的かつ象徴的な力が生じたのである。

多くの文明がそうであったように、古来ヨーロッパも染料の大部分を植物から得てきた。より深みがあり、光沢があり、堅牢な染料の得られる植物を求めて、数世紀にわたって絶えず努力を積み重ねてきたのである。たとえば赤い色を得るために、垣根や森にある漿果から喬木や灌木の葉（たとえばヘンナ）へ、そしてアカネへ、ついには外来の植物（ゴマの種子ジンゾリン、ブラジル材）へと遍歴を重ねてきた。同様に青染料は、漿果からパステルへ、パステルからインド藍へと進歩していった。新しい染料が現われたとき、古いものが必ずしも淘汰されるわけではないが、経済的にも象徴的にも新しい価値規準が生み出されることになる。

また染物業、商人、貿易、織物業の世界で扱われる堅牢度の高いものとは別に、農民文化に独特の、より経験的で職人的な「堅牢度の低い」ものが必ずあった。これらは、野生の実（青や黒に染めるにはクワの実、スノキ、スローの実など）、草本（黄や緑にはシダ、イラクサ、セルフィーユ。薄紫《モーヴ》色にはスイバ）、灌木（黄色やオレンジ色にはモクセイソウ、ヒース、カミツレ、エニシダ）、またさまざまな喬木の葉や根や樹皮（たとえば茶色、ベージュ、黄褐色にはコナラ、クリ、プラタナス。灰色にはハンノキやトウヒ。黒にはクルミ。黄やオレンジ色にはポプラやカバノキ。緑にはトネリコなど）を用いている。また媒染剤（尿、酢、木材の灰、レモン）は素朴なものであるから、仕上がりの色が薄く堅牢度も低い。十八世紀までの庶民の服、とくに田舎者の服は、つねにどことなく〈色褪せた〉感じがしたのである。

工業化学と合成染料の時代が到来するまでは、高価な染料はアジアやアフリカ、後にはアメリカからもたらされていた。黄色に染めるサフランや、青のインド藍やアズライト、黒のウルシがそうである。赤に染めるには動物性のもの、とくにアリマキ科の二種類の寄生虫が用いられた。一つは地中海沿岸部にみられるカシの一種に寄生する「ケルメス」であり、もう一つはポーランドやウクライナのステップ地帯の草本類に寄生する「コチニール」である。いずれも中世の文書がよく〈粒《グレーヌ》〉と記載する高価なものである。古代のパープルと同じように、染料をごく少量得るにも膨大な量の虫を必要とするので、これらの染料と、それで染めた布には法外な値がつけられた。

これとは別に独自の領域をつくっているのは緑色である。ヨーロッパでは中世を通して、深みと光沢をそなえた美しい緑色で織物を染めぬくことは、ほかの素材を染めるときと同じように非常に困難であった。そこでこの色に稀少性、すなわち価値（あるいは特殊な地位）が生じてくるのであるが、〈付加的な〉色、違反の色、秩序を乱す色であることを大方の象徴体系がほぼ一致して示している。さらに若者、狂人、通過儀礼、不実な愛をあらわす色でもある。緑という色は化学的にも象徴的にも安定を欠く性質を特徴としている[13]。

同じように染物師は久しく白らしい白や、黒らしい黒、つまり織物の繊維の中までよく染み込んだ濃い黒をつくり出せずにいた。十四世紀半ばまで、堅牢度の高い黒（堅牢でない黒は、さまざまな植物性染料を混ぜあわせてできる）は、没食子《もっしょくし》（コナラの一種の葉に付着するイボ）やクルミの木の樹皮や根から得られたが、それは黒というよりもむしろ茶や灰色、また青に近い色であった。たとえばベネディクト会「イタリアのウンブリア地方ヌルシアの聖ベネディクトゥス（四八〇年頃―五四七年）によって創設された、西欧最古の修道会。清貧・童貞・服従、労働の義務などを定めた厳格なベネディクトゥス会則を遵守する」の修道服は観念的・表象的には黒であるが、実際には灰色や青灰色、または薄青色でさえあった！　黒という色を固着させ、堅牢な濃い色調を得ることに初めて成功したのは十三世紀も末、毛皮の染色においてであった。こうして十四・十五世紀には黒い毛皮が流行することになり[14]、後で述べるように、やがて衣服のコード全体で、この色の価値が飛躍的に高まる。ここでもまた染色化学と社会的な象徴性とは密接に結びついている。

4　色彩と衣服コード

衣服の歴史の研究者は色彩についてあまり触れてこなかったが、これには研究資料に原因があった（久しく写真資料といえばモノクロであり、美術史家を含めた歴史家の多くは社会のことも芸術のことも無色で、さらに悪いことには〈白黒〉で取り扱う習慣をもっていた。また認識論的な理由で〈服装《コスチューム》〉の歴史は形態の考古学に単純化されてしまうことが多く、形態を支えている社会の制度や争点を無視し、隠蔽してしまった）。しかし色彩はどのような衣服コードにあっても重要な要素である。色彩は心理的あるいは美的機能をもつ以前に、分類的・表徴的な機能をもつ。衣服とは個人的な事象ではなく、制度上の事象であり、諸規範に従い、コードに則って存在する。そこで衣服は社会史にまことに好都合な観察の場をつくっているのである。

中世の衣服にあっては、すべてが意味をもっている。布地（素材、織り、産地、柄）、衣服の種類と形態、裁断と縫製の作業、付属品、着装の仕方、そして当然のことながら色彩、これらすべてに意味がある。すなわち、時代と地域と社会環境に応じて多かれ少なかれコード化された慣習的な記号によって、これらはいくつかの「価値」を表現し、その価値をそれぞれに対応して確実に制御する。ひとはそれぞれ自分の身分や地位にあわせて服を着る。自分の属する階層や階級の慣例より派手に着飾ったり、あるいはみすぼらしい恰好をしたりすれば、それは傲慢の罪か堕落のしるしである。衣服の主な働きは社会のなかの集団の位置や、集団のなかの個人の位置を示すことである。これは絶対的かつ強制的な記号体系である。

衣服の色は、威厳や社会的地位、集団への帰属（家族、政党、使用人、機関、軍隊、宗教、あるいは性別、年齢層、賤民）をあらわすほか、場所や活動、人生の節目（洗礼、結婚、葬儀）、年中行事（たとえば五月の初め、ヨーロッパのほとんどの地域で人びとは緑の服を着て、自然の甦りを祝う）、日々の暮らし（旅、祭り、休息など）とも関わりうる。このことは北ヨーロッパでも南ヨーロッパでもほとんど違いはない。衣服の色彩を地理的にみていくなら、観念的で文化的な慣行はキリスト教圏全体に共通していることは明らかで、気候的な制約はまったく関係ないのである。

西洋キリスト教世界におけるこのような色彩の普遍性は、倫理の側面にも見い出される。実際どんな社会にも衣服の色彩に関する倫理観は存在する。中世ヨーロッパの場合、そのような倫理観は長いこと神学者や聖職者のものであったが、中世末期に衣服令や奢侈禁止令のかたちで世俗権力に取り戻されることになる。

修道服はもっとも古くから明確にコード化された例である。たとえばベネディクト会の場合、先にも述べたとおり彼らの黒服は実際に黒かったというより、その色はむしろ象徴的なものであり、旧来の暗色の概念に基づき清貧と謙遜という二つの観念をあらわしていた。シトー会［モレームの聖ロベルトゥス（一〇二七年頃―一一一一年）によってフランス中東部のシトーの荒野に創設された観想的修道会。ベネディクトゥス会則を厳守する］の白い服は〈自然な〉色合いを間接的に追及した結果、十二世紀の半ばに定まったものだが、当初はベネディクト会の黒に対抗したためである。しかしこれは同時に神の完全無欠性に近づくために光と輝きを追及した結果でもある。次の世紀にはフランチェスコ会［アッシージの聖フランチェスコ（一一八二年頃―一二二六年）の創設した修道会。無所有と無定住を原則とし、清貧・童貞・服従を宗とする］が染色を施さない布製の服で清貧の心構えをあらわしたが、これまたベネディクト会の黒とシトー会の白、さらにドミニコ会［スペインの聖ドミニクス（一一七〇―一二二一年）の創設した説教修道会。徹底的な学問研究を規則として定めたことにより、『神学大全』の著者トマス・アクィナスなどの優れた学者を多く輩出した］の黒と白に対抗するためであった。修道服においては象徴性と表徴性がこのように結びついている。染色という技巧をなんら施されていない粗末な毛織物でできたフランチェスコ会士の服は、灰白色から焦茶色まで、生成《エクリュ》、灰褐色《ビス》、灰色、茶色といったさまざまなニュアンスの〈自然の〉色である。中世の人びとはくすんで汚れた彼らの服の外観にとくに目をとめたようで、そこでフランチェスコ会士は俗に〈灰色修道士《モワヌ・グリ》〉とよばれた。十七世紀までアッシージの聖フランチェスコは〈聖灰色士《サン・グリ》〉とよばれることが多く、この表現は罵りの言葉として使われるまでになる。ラブレーもよく用いている有名な言い回し〈聖灰色士のお腹《ヴァントル・サン・グリ》〉（〈聖フランチェスコの下腹にかけて〉の類似表現）はその一例である。[15]

5　黒の普及

中世後期は、とくに都市社会において綱紀粛正、衣服令、奢侈禁止令の類がよく公布された時代である。これらの法令はかたちを変えながら（たとえばヴェネツィアで）十八世紀まで存続していくが、三つの機能をもっている。第一は経済的機能で、これは衣服や装飾品への出費を不毛な投資であるという理由で、あらゆる社会階級や階層に制限することである。第二は道徳的機能で、これは慎みや貞節といったキリスト教の伝統を維持することである。このために法令は教化的な潮流と結びつき、中世末期を経て、やがてプロテスタントの宗教改革に継承される。第三は社会的・観念的機能で、衣服による区別を設け、おのが性と身分と地位に見合った服装をさせるということである。衣服の所持数、所持する衣服の種類（袖には特に関心がはらわれる）、裁たれる布地、染められる色、毛皮、宝石、それに付属品のいっさいが社会的職業上の階級と階層に応じて規制を受けている。[16]

色によっては、ある社会階層には禁じられるものがある。それはその色が目立ちすぎるからでも破廉恥であるからでもなく、それをつくる染料がきわめて高価で、取引や使用が厳しく規制されているからである。たとえば、青の色相ではとりわけ高価なインド藍のエキスで染めた孔雀色《パオナセ》（深みのある濃い青）の服であり、またケルメスやコチニールから採れる高価な染料で染めたいっさいの赤い服である。

こういった衣服の色の経済的かつ社会的な倫理観が広まったために、十四世紀末から十五世紀にかけてのヨーロッパでは黒が大いにもてはやされる。それまで深みと光沢のある黒をつくることができなかったために、盛装から外されていたこの色が、流行色となったのである。この現象はペスト後の一三五〇―一三六〇年頃のイタリアに始まったらしく、その後数十年でヨーロッパ全体に広まった。流行の中継地たる宮廷社会で、黒は十五世紀に流行色となったばかりか、十三世紀に青がそうであったように、真に「価値あるもの」となり、色彩秩序の新たな（あるいは取って代った）極ともなった。

これ以降、染物師は技術と化学の両面で偉業を成し、鮮やかで濃い黒、きらきらと青や茶の光沢をもつ黒、毛皮にも毛織物にも絹織物にもよく染まる黒をつくれるようになった。何世紀ものあいだ成し得なかったことが、二、三〇年のあいだにすべて実現してしまったのである。

このような黒の評価は近代まで連綿と続き、今日のわれわれの衣生活にまで影響を及ぼしている。すなわち、ブルゴーニュ公国の宮廷は中世末期の数々の儀礼的な慣行を体系化して普及させたが、まずスペイン宮廷に黒のモードを伝え、そして有名な〈スペイン風作法〉をとおして、黒は十六世紀から十九世紀初頭まで全ヨーロッパの宮廷を席捲することになる。一方、プロテスタントの宗教改革の理論は、十五世紀に衣服令や奢侈禁止令によって道徳的な色となった黒をいち早く取り込み、こうしてこの色は工業化の時代まで、色彩体系全体にとって極となる大事な色となった。

宗教改革については聖像破壊運動《イコノクラスム》のほうが〈色彩破壊運動《クロモクラスム》〉よりもはるかによく知られている。しかしながら色彩——少なくともある特定の色——における闘争は、ルターやカルヴァンと彼らの亜流がうちたてたキリスト教の新しい倫理観のなかでつねに重要な一面であった。プロテスタンティズムは、印刷本と版画——いわば白黒《モノクロ》の想像力と文化——が勝利をおさめた十六世紀初頭に登場したが、十五世紀の色彩倫理の継承者であると同時に、完全に時代の子でもある。つまりそれは信仰生活と社会生活の多くの重要な場（祭儀、衣服、住居、芸術、〈ビジネス〉）で、黒—灰—白という軸上に形成される色彩体系を推しすすめ、実行に移したからである。今やほかの色は禁じられ（青だけはときに免除されたが）、暖色系の赤や黄色はとくに排斥される。この点については、カルヴァンやツヴィングリがもっとも厳格な態度を示したが、彼らより先にメランヒトン〔一四九七—一五六〇年。ドイツの宗教改革者。ルターの思想に共鳴し、『神学綱要』によってプロテスタント神学の基礎を築いた」は、ルターから主要な考えを借りて『衣服について』を一五二七年に著し、既に黒や暗色の倫理の権威者であった。このような色彩倫理が現代まで新教国に受け継がれ、したがって今世紀半ばにいたるまで工業化と資本主義の社会に存続したことについては、別の機会に述べたとおりであり、また近々再検討してみたいと考えている。[17]

中世末期の黒の普及は、このようにして大いなる文明事象のようにみえる。それは色彩に関する衣服と社会のシステムばかりか、色彩の性質にも関わる物理化学的理論をも数世紀をかけて再構築したからである。一六六〇年頃ニュートンがプリズムの実験を計画して実行し、色彩の序列から黒と白を〈科学的に〉排除したのは、彼もまた時代の子だったからである。宗教改革の後、版画や印刷本が出回るようになってから、黒と白はほかの色から区別されるようになった（中世にはけっしてこんなことはなかった）。彼はそのような文化の落とし胤なのである。

註

（1） 十三世紀から十五世紀にかけての画家の多くは、芸術作品などではなく、楯や旗、旗印を描いたり、紋章装飾に携わることで生計をたてていた。こういったあまりやりがいのない仕事は、紋章官（彼らのなかには、実際に画家である者もいた）との仲をとりもち、紋章と絵画とのあいだに特殊な関係をつくりあげることとなった。ドイツ語の Schilder と Schildern という言葉は、十五世紀まで、画家や絵画制作をあらわす日常語として残っていた。これらの言葉は、楯を意味する Schild から派生している。

（2） «Et puis vînt le bleu», *Europe*, no. 654, oct. 1983, pp.43-50；«Le bleu en peinture», *Sophie. Revue de mode et de philosophie*, no.2, 1986, pp.31-33 ; «Vers une histoire de la couleur bleue», préface au catalogue de l'exposition *Sublime indigo*, Marseille, 1987, pp.19-27

（3）青の顔料については、Frédérique Maurier の最近の労作 *L'Azurite. Étude d'un pigment bleu ancien*, Paris, 1987 を参照した。これはフランス国立芸術修復学院での終業論文（タイプ原稿）で、早急に出版が望まれる。同論文はアズライトをめぐって、青色染料になりうるあらゆる鉱物性顔料の歴史をまとめている。

（4）M. Baxandall, *Painting and Experience in fifteenth Century Italy*, Oxford, 1972（邦訳『ルネサンス絵画の社会史』篠塚二三男・石原宏・豊泉尚美・池上公平訳　平凡社　一九八九年）。フランス語訳の（滑稽な）タイトルは、*L'Œil du Quattrocento*, Paris, 1985. バクサンドールのこの著作は、絵画の財政的問題（pp.9-46）に関しては優れているが、ほかの点では質が劣るように思われる。色彩の象徴体系と、そのために絵画制作に不可欠な色彩コードに関する箇所（pp.126-134）はあまりに場違いで、中世末期の象徴世界についてまるで無知であることを露呈してしまっている。「色彩のシンボリズムは、絵画においては重要な役割を果たしていない」（p.130）とは、挑発的な発言である。絵画と絵の具に関する契約書と市場については、H. Lerner-Lehmkuhl, *Zur Struktur und Geschichte des Florentinischen Kunstmarktes im 15. Jahrhundert*, Wattenscheid, 1936 を参照のこと。さらに G. Gaye, *Carteggio inedito d'artisti dei secoli XIV, XV, XVI*, Firenze, 1840, 3 vol.と G. Milanesi, *Nuovi documenti per la storia dell'arte toscana*, Roma, 1893 も参考になる。

（5）H. Damisch, *Fenêtre jaune cadmium, ou les dessous de la peinture*, Paris, 1984, pp.116-117 による。

（6）F. Brunello, *L'Arte della tintura nella storia dell'umanità*, Vicenza, 1968 を筆者は参照できなかった。本書は染色技術と染色業の歴史に関する、近年では唯一の総論であろう。この方面の歴史に関する文献目録として、展覧会カタログ *Sublime indigo*, Marseille, 1987, pp.246-253 に付されたものを筆者は用いた。これは学術的に優れている。

（7）経済史のおかげで、中世の染料取引に関する歴史は比較的よく知られている。数ある文献のなかでも特に以下を参照のこと。J.-B. Weckerlin, *Le Drap «escarlate» au Moyen Age*, Lyon, 1905 ; G. Espinas, *La*

Draperie dans la Flandre française au Moyen Age, Paris, 1923, 2 vol.; H. Laurent, *Un grand commerce d'exportation au Moyen Age : la draperie des Pays-Bas en France et dans les pays méditerranéens (XIIe-XVe siècles)*, Paris, 1935 ; G. de Poerck, *La Draperie médiévale en Flandre et en Artois : Technique et terminologie*, Bruges, 1951, 3 vol. 大青については次の見事な論考を参照のこと。E. Carus-Wilson, «La guède française en Angleterre : un grand commerce du Moyen Age», *Revue du Nord*, t. XXXV, 1953, pp. 89-106. イスラム世界における同様の問題については、M. Lombard, *Les Textiles dans le monde musulman (VIIe-XIIe siècles)*, Paris, 1978, pp.117-145 を見よ。

（8）この重要な問題に関しては拙稿を参照。«Vizi e virtù dei colori nella sensibilità medioevale», *Rassegna*, t. 23, no. 3, sept. 1985, pp.5-13. なお一部はフランス語で拙著所収。*Figures et couleurs*, Paris, 1986, pp.35-49

（9）J. Heers, «Mode, costumes et marchés des draps de laine au Moyen Age», *Annales E.S.C.*, 1971, pp.1093-1117

（10）長期にわたる頑強な抵抗にもかかわらず、最終的にはマルセイユが青い織物の取引でトゥールーズを圧倒することになる。数ある文献のなかでも以下を参照のこと。*Histoire du commerce de Marseille*, Paris, 1949-1966, 8 vol., G. Rambert（éd.）. カタログ *Sublime indigo, op. cit.*, pp.213-218 も見よ。

（11）今日ではあまりその重要性が伝えられていないが、この取引が最盛期を迎えるのは十六世紀になってからである。J. Delumeau, *L'Alun de Rome*, Paris, 1962 を見よ。

（12）古代のパープルに関しては以下を参照のこと。M. Reinnhol, *History of Purple as a Status symbol in Antiquity*, Bruxelles, 1970 ; M. Vuillaume, *Les Pigments des invertébrês. Biochimie et biologie des colorations*, Paris, 1969 ; L. Gerschell, «Couleur et teinture chez divers peuples indo-européens», *Annales E.S.C.*, 1966, pp.608-631

（13）M. Pastoureau, «Formes et couleurs du désordre : le jaune avec le vert», *Médiévales*, no. 4, 1983, pp.62-73. ついでながら今日でもなお、カラー写真では緑の色階表現が一番難しい。

(14) R. Delort, *Le Commerce des fourrures en Occident à la fin du Moyen Age*, Roma, 1978, pp.519-549

(15) 残念ながら修道服や祭服に関する総括的な研究はない。筆者は近々この問題について執筆するつもりである。一九八五―八六年度に社会科学高等研究院（EHESS）で行なった講義の一部はこの問題を扱っている。さしあたり以下を参照のこと。G. de Valous, *Le Monachisme clunisien des origines au XVe siècle*, Ligugé / Paris, 1935, t. I, pp.227-249 ; K. Hallinger, *Gorze-Kluny*, Roma, 1950-1951, t. II, pp.666-734 ; J.-O. Ducourneau, «Les origines cisterciennes（IV）», *Revue Mabillon*, XXIII, 1933, pp.103-110 ; J. Siegwart, «Origine et symbolisme de l'habit blanc des Dominicains», *Vie dominicaine*, t. XXXI, 1962, pp.83-128

(16) 奢侈禁止令の人類学的・社会的問題に関しては多数の論考があるが、総括する著作が待たれている。以下を参照。E. Giraudias, *Étude historique sur les lois somptuaires*, Poitiers, 1910 ; P. Kraemer, *Le Luxe et les lois somptuaires au Moyen Age*, Paris, 1920 ; F. E. Baldwin, *Sumptuary Legislation and Personal Relation in England*, Baltimore, 1926 ; J.-M. Vincent, *Costume and Conduct in the Laws Basel*, Bern / Zürich, 1935 ; L. C. Eisenbart, *Kleiderordnungen der deutschen Städte zwischen 1350-1700*, Göttingen, 1962（衣服規制に関する最良の研究）; G. Hampel-Kallbrunner, *Beiträge zur Geschichte der Kleiderordnungen mit besonderer Berücksichtigung Oesterreichs*, Wien, 1962 ; V. Baur, *Kleiderordnungen in Bayern von 14. bis 19. Jahrhundert*, München, 1975 ; D. O. Hughes, «Sumptuary Laws and Social Relations in Renaissance Italy», J. Bossy（éd.）, *Disputes and Settlements : Law and Human Relations in the West*, Cambridge（G.-B.）, 1983, pp.69-99; «La moda proibita», *Memoria. Rivista di storia delle donne*, 1986, pp.82-105

(17) 註2と8の引用文献を参照のこと。

ピエール・ビュロー

《ズボンをめぐる争い》——ある世俗的主題の文学と図像のヴァリエーション（13—16世紀）

Ⅵ　男と女

〈旗を持ちズボン《ブレー》をはいた女が支配するところ、すべては女が先になる〉フランドルの諺

滑稽で比喩に富んだ表現の歴史を文献や図像資料によって語るには、あらかじめ方法論上の注意をいくつかしておかなければならない。まず第一に、世俗のテーマを、それが表現されている文脈《コンテクスト》のなかで捉えずに孤立させてしまうことがよくあるが、そのような暗礁に乗り上げないようにすべきである。第二には写本の欄外の挿絵や、聖堂の聖職者席の座板持送り《ミゼリコルド》「座板を支える目的で、一つひとつの聖職者席の座板の下に突き出ている部分。ここにさまざまな情景が彫られた」の図像を、滑稽なだけのものと限定して見てしまわないことである。

民衆の素朴な表現が提起する人類学的な意味を考えるには、この種のアプローチを超える必要がある。そのためには比較と蓄積に基づく分析の罠にはまらぬように、まず今日なお使われ誰でも知っている諺のさまざまな用例を一覧にし、もともとは口承の文化であったものが記録としてどのようにテクストに残されたかを明らかにする努力が、なによりも肝腎である。教会の文化と世俗の文化の溝が意義をもってくるのは、テクストと図像の交叉するところである。聖域の中枢部に侵入した世俗文化を分析することは、周縁《マルジナリテ》の概念を理解するための一つの新しい方法である。

かくして《ズボン《キュロット》をめぐる争い》は各種の資料を超えて、家庭と文化と社会の複数の領域にまたがる諸問題を提起する。家庭で誰が〈ズボンをはくことになるか〉決めようと争うことは、十五世紀の社会における権力闘争の一つの形態である。シンボリックな衣服をめぐる争いの結果として生じる権

力関係は十三世紀以来、宗教上のある領域《コンテクスト》に現われる力くらべの遊びと隣り合わせている。ここから浮かび上がってくるのは、宗教には関わりのない世俗の情景が教会の真ん中に周縁《マージナル》として、あるいは詩篇集の欄外挿絵《マルジナリア》として表現されるという驚くべき逆説である。世俗《プロファーヌス》ということばの語源は〈聖堂の外〉という意味なのだから。

1　ある俗語表現の文学起源

ミゼリコルドに彫られた世俗的主題について前世紀に研究が始まって以来、《ズボンをめぐる争い》の情景にはある笑話《ファブリオ》［十二世紀末から十四世紀前半に、とくにフランス北部で、二百から五百行ほどの笑いを目的とした小話が多く書かれた。聖職者、商人、百姓、騎士らが登場し、人間の愚かさ、狡猾さ、滑稽さなどが日常の卑近な現実を題材に描かれた］がきまって対置されてきた。『アンの旦那と女房アニユーズ』と題されたファブリオはたしかに、〈家で采配をふるうのは男か女かどちらだとおもう？　それはズボンをはくほうだよ〉という古い格言の〈説明〉に誠に適っていた。このような単純な比較の次にやらねばならないことは、十三世紀のピカルディ地方でユー・ピオセルによって書かれたこのファブリオを、ファブリオ一般のコンテクストのなかに置き直すとともに、緻密な分析によって作品を明らかにすることである。

　このファブリオはシンボリックなズボン《ブレー》の所有をめぐって夫と妻が滑稽な果たし合いをし、誰が家庭の主人になるかを決めるという話につきる。したがってこのファブリオが象徴的に提示しているのは、民間伝承の要素をもったこの種の文学において衣服がどのような意味をもっているのかという問題である。

衣服の象徴体系に興味をもつものにとってファブリオは歴史人類学上の宝庫であり、雄弁な証人である。まず、ファブリオには盗まれた衣服や質草としての衣服、あるいはさいころ賭博でなくした衣服の話などが満載されている。あるいはまた衣服が、鏡に映るかのような紛れもないテクストの隠喩として使われ、テクスト自体を考察する際の手掛かりとなる場合もある。[1] 衣服が争いの原因となり、それだけで筋立てがすっかり構成されるような作品はめったにないが、『アンの旦那と女房アニユーズ』はそのような作品群に属している。

作品は二つの写本に残されており、[2] 一つは『アンの旦那と女房アニユーズについて』、もう一つは『ある男とその妻の闘い』と題されている。作者の名は〈Hues Piaucele〉もしくは〈Peaucele〉と記されている。ファブリオの作家はことば遊びを好むことが多く、したがってこのファブリオの作者名と扱われているテーマとのあいだに、なにか関係があるかもしれないと考えてもよい。では、衣服の話につきるこのファブリオの内容と作者の名前とのあいだには、一見したところどんな関係がありえるだろうか？　少し脱線して、十三世紀に流布した図像上のある慣行からこのことを考えてみよう。

印章学の分野には〈語る印影〉sceau parlant と呼ばれ、図柄によって所有者の名前や仕事がわかる印章がある。たとえば、ギヨーム・アラン Harenc という名の人はニシン《アラン》 (hareng) の絵を、またニコラ・ゴピ Gorpil という名の僧は野原の真ん中に一匹の狐《グピ》 (goupil) のいる絵を印影にし、これで証書を有効にさせるのである。ノルマンディ地方の農民たちが印章にこのような手法をよく使ったことを勘案すれば、われわれは紛れもなく〈語るファブリオ〉に直面していることに気が付く。ピオセルにせよ、ポオセルにせよ、作者の名は十三世紀の古仏語で〈小さな皮〉という意味の〈peaucel〉や〈peaucele〉という名詞に類似している。十二世紀末には既に〈peaucelu〉という形容詞は〈骨と皮しかない〉人のことを指していた。このような類似は、この作品を読み、また最後に言及する皮と衣服が分かち難く結びついている例をみれば正当化されるように思う。

語り手は二人の格闘が最高潮に達すると、彼らの身体と衣服が血まみれであることに触れ、話の結びは決まって次のように締めくくられる。〈もしあなた方の妻が不遜にもズボンをはきたがったら、アンの旦那がアニユーズにふるまったのと同じように行動しなさい。この女は夫にこっぴどく殴りつけられるまで、ずっと夫を侮ってきたのです。〉自分の服を守ることは、いわば自分の身を護ることである。ズボンを守ることで男という個性が護られるのだが、それは男の服を奪い取ろうとする妻との激しい格闘と引き換えである。

テクストを見る前に、このファブリオの梗概を簡単に紹介してもよいだろう。アンの旦那と女房のアニユーズはいさかいの絶えない夫婦である。どちらが家の主人であるのかを決定的にしようと、アンの旦那は女房に勝負をいどみ、庭の真ん中に自分のズボン《ブレー》を置くことにした。格闘の最後にズボンを奪い取ったものが〈ズボンをはく〉ものとみなされ、家庭の統治問題は決着をみる。隣人のシモンと妻のオペが、この正真正銘の決闘のあいだ立会人の役を演じる。荒々しい取っ組み合いの後、ようやくアンの旦那はシンボリックなズボンをわが物とすることができ、負けを認めたアニユーズは今後は夫に従うと約束する。

語り手が最初の数行から主人公の職業を強調しているのは偶然ではない。アンの旦那が衣服に関して語ることができたのは、仕立て屋を営み、外套や短外套を繕うことができたからである。

> アンの旦那は腕のよい職人で
> 短外套《コテル》や外套《マント》を
> 上手に繕うことができた　（七―九行）

風変わりなことに女房は決して夫の希望に応えず、全精力を使って夫に逆らって楽しんでいる風で、夫が嫌いだとわかっている料理をわざとつくる。そういうわけで魚を買ったことで口論になったとき、アンの旦那は決闘を決意し、自分のズボンをこの闘いに賭けたのである。

> うそは言わん、朝になったら
> わしはズボン《ブレー》を脱いで、
> 庭の真ん中に置くことにする。
> それを勝ち取った方が、
> 晴れて、この家の旦那なり
> 奥方になるんだ。（一〇二一―七行）

闘いが始まるとおよそ三つの局面をたどった。まずアニユーズが、審判者のシモンが合図をしないうちに亭主に殴りかかってきた。アンの旦那が反撃にでて、それから殴り合いは徐々に激しくなった。やがて女房はズボンの帯紐をつかまえたが、アンの旦那がズボンの脚の部分を持って引っ張ったから、ズボンはたちまち引きちぎられてしまった。

ズボン《ブレー》をつかまえようと大急ぎで走って行き、
紐のところを持ち上げた。
すると亭主は怒り狂って
脚のところをつかんだ。
一方が引っ張ると、もう一方も引っ張る、
布は裂けてぼろぼろになり、
布片が庭に飛び散った。
二人はズボンを大地にたたき捨てると、
また取っ組み合いを始めた。（二一〇―八行）

罵詈雑言がこの殴り合いに加わる。女房アニユーズはいっそう激しさを増したが、闘いが彼女に有利に展開しそうになったまさにその時、決着がついた。アンの旦那が不意打ちをくらわしたのが最後で、後退せざるを得なくなった女房はよろめき、籠のなかにまっ逆さまに落っこちて、出られなくなってしまったからである。アンの旦那はそこでズボンに飛びついた。

　　そこでズボン《ブレー》の方に走って行くと、
　　ズボンを手に取ってはいた。（三二六—七行）

　ぶつぶつ文句を言いながらもアニユーズは、夫の命令にしたがい、忠実な女房になると隣人たちを前にして誓う。アンの旦那とシモンとオペは笑いながら和平をとりきめ、傷だらけで疲労困憊のアニユーズを籠のなかから引き出してやる。語り手はファブリオを終えるにあたり、聴衆である男性陣の注意をひいて、この話が皆の手本として役に立つはずだと言い添えている。

〈ズボンをはく〉という言い回しを暗示的表現として使っているファブリオや物語詩《ディ》は他にもあるが、このファブリオのように言い回しを徹底して展開させたものはない。語り手が〈ズボンをはく〉という比喩に富んだ表現から一つの物語をつくり上げるには、少なくとも四一四行は必要であったのだろう。一方で、妻と夫の会話と彼らの激しい応酬に重きがおかれたことにより、このファブリオは快活な調子を帯びたが、それゆえ夫婦のあいだに決闘裁判が現実に存在したことが、パロディとして今日に伝えられることになった。決闘裁判は後の文書に痕跡をとどめており、とりわけ十五世紀のドイツでは〈決闘裁判が夫婦の紛争を解決する手段として法務当局から認められていた〉という[3]。

　このファブリオとは逆に、妻の尻に敷かれた間抜けな夫というイメージはこの種の文学にもっとも頻繁に現われる。たとえば『聖マルタンへの四つの願い』はそのような作品の一つである[4]。この話の匿名の作者は、聖マルタンに特別な信心を捧げている一人のノルマンディの農夫のことを語っている。

農夫の信心に報いようと聖人は彼に四つの願いを述べよと言う。農夫は馬鍬を放り投げ、この結構な話を女房に知らせようと家に駆け込んだ。ところが女房は亭主が帰ってくるや、天気が少し曇ってきたからといって仕事を放ったらかしにしたと文句を言い、彼の口が開かないうちから罵言を浴びせる。

ズボン《ブレー》をはいている女房は、
亭主をどなりつけた。「おい、罰当たりめ！
ちょっとばかし曇ったからといって
もう終わりにしてきたのかい？
ご飯になるにはまだ五里行くほどの時間があるんだよ！
ほっぺた、太らせたいというのかい？」（三五―四〇行）

似たような例はもう一つ『ジャンヌ奥様の話《ディ》』にある。[5] 夫の悪意のない小言からまさしく大量の罵詈雑言が始まる。このいさかいもアンの旦那の場合のように食べ物の問題に端を発する。亭主は女房に好物の豆を頼んだのに、水で薄めた前夜のピュレが出てくる。二人のあいだは険悪になり、女房があまりに急に食器を片付けるので、食べ物が地面に散らばる。そこで亭主は、女房にそんなふうにいじめられるままになっている自分は、よほど気がおかしいと考える。

あいつに、いじめられるままになっているなんて

おれはばかだ。（一五八―九行）

そしてこんなふうに亭主を騙している女房は縛り首になるがよいと思う。

呪われた枝に吊されっちまえ、
あいつも、あいつの親戚《バニエール》[6]も全部だ。
あいつは旗《バニエール》を持つようになる。
きっとズボン《ブレー》もはくようになる。（一六二―五行）

女房が答えるには、本来の意味ではズボンをはくのは亭主でも、転義としては自分こそがズボンをはき、ズボンの帯紐も自分のものだという。

たしかにズボン《ブレー》も
紐もあんたのものだけど（一六六―七行）

ここでは〈旗を持つ〉ことと〈ズボンをはく〉こととが同義であるとされているが、十七世紀にはこれを絵にした銅版画がある。作者不詳のその作品には〈片手の絵の付いた反旗をひるがす女と、そのかたわらで服従を強いられ、糸を紡いでいる男〉とが描かれている。[7] 上の『ジャンヌ奥様の話』に出てくる〈baniere〉という語の二番目の例は、まさしく軍旗の意味で、戦場で部下を率いる領主の象徴としての旗のことである。

ズボンの争奪という民話は社会のあらゆる階層に流布していた。聖職者たちは横暴な妻という観念を取りあげて、たとえ話を説教に盛り込み、長たらしい神学上の説教に耳を傾けたがらない俗人たちの心に触れ、〈覚醒させよう〉とすることになる。

2　一二七二年パリで行われたある説教

十三世紀の説教師たちがおこなった説法話は、世俗の文化に関する貴重な情報源である。〈要するに説教師は「たとえ」による教育を必要と考え、口承文学——とりわけ民間伝承の——多種多様なネットワークのなかから話の材を得て、たとえ話《エグザンプラ》というかたちで〉自身の説教のなかに組み入れたのである[8]。聖堂内で〈民衆〉に訴えかける説教師らの偉業とは、信者たちの注意をひきつけるための巧妙な手段を見つけたことで、自身の説教を〈むしろ日常の経験から得た面白い逸話で飾ることによって、一日のつらい労働を終えたとき憂鬱で無気力になりがちな聴衆を発奮させた〉[9]ことであった。

ジャニーヌ・ホロヴィッツとソフィア・ムナシュは、説教師のたとえ話がひき起こす笑いのあらゆるメカニスムを分析している。細心の注意が払われた彼らの論考は、中世の説教がユーモアと笑いをどのように使ったかを理解させるのにまことに説得力がある。笑いとはなによりも〈高性能の修辞的装置であり、笑いの受信者と送信者とのあいだに共犯の感情をつくりだす〉[10]ことである。説教師は聴衆と同じレヴェルに自らを位置付け、笑いという手段を用いてようやく聴衆の心の琴線に触れることができる。この〈ユーモラスな刺激〉は、聖職者たちの反フェミニズムと世俗の人びとの女性蔑視《ミソジニィ》とによって補強され、そこで女性の不道徳を巧みに茶化し、男性信者の側の集団本能を目覚めさせるという説教師の務めはやりやすくなった。女性が説教師の標的にされ、女の悪巧みや洒落た恰好をしたがる虚栄、夫への不服従、さらに危険な不貞にいたるまで一時に告発されたことは[11]、世俗の人びとにも聖職者たちにも同じように、女性に対する根強い軽蔑の念があったことを物語っている。

ギヨーム・ド・モンルイユ師が一二七二年にパリで行った説教は、このような背景のなかでこそ考えられなければならない。その日は万聖節で、聴衆はあまり規律正しいとはいえない信者たちであった。あまのじゃくで好戦的な女たちの心根をユーモラスに、かつ口を窮めて非難するためにギヨーム・ド・モンルイユは、説教に次のような「たとえ話」を盛り込んだ。

> 世の中は――と説教者は叫んだ――もはや昔とは違ってしまったのだ。かつて妻は夫に操を立て、夫によりそって羊のようにおとなしかった。今では女たちは雌獅子である。そのうえズボン《ブラカ》まではきたがる[12]。

昨今の行状を上手に告発するために昔の行状を褒めそやしつつ、ギヨーム・ド・モンルイユは妻たちの不貞を非難する。教会のなかにいる聴衆の男たちのあいだに沸きあがる反応が目に見えるようである。男たちは説教師の話にざわめきながら賛同したはずである！

閉じた世界間には交流はないとつい言ってしまいがちだが、ギヨーム・ド・モンルイユと信者たちのあいだに共犯の意識ができあがっていることは、〈知識人の、というよりも〉〈聖職者の文化〉と、〈民衆の、というより〉〈民間伝承の文化〉[13]との接触が、対極にある二つの文化の交流としてどの程度まで可能であるかを示している。たとえ話《エグザンプラ》として記述され、記録された種々のお話は、記述文化と口承文化のあいだに〈境界面の重なり〉が存在することを証している。すなわち〈たいていは非難するためであるが、そうであれ、または標準化する（キリスト教化する）ためであれ、教会は民話を受け入れ、記録する。聖職者が言い伝えや民間伝承のテーマをたとえ話に変容させ、教会道徳の説教の担い手とするとき、それこそがまさに民話を「キリスト教化」することである〉[14]。

ギヨーム・ド・モンルイユが妻たちの不貞を告発したことは、女が陥る罪に世俗の人びとを笑わせながら誘導し、注目させる一つの方法であった。このようにして民話を説教話のなかに同化させ、そうすることで説教師にとっては有益で道徳的な教えを流布させるという務めがやりやすくなったのである。

両者の文化に相互浸透があったことは明らかである。というのは写本の欄外図《マルジナリア》がテクストの周囲に位置しているのと同じように、説教に挿入されたたとえ話《エグザンプラ》は受信者の注意を主たる説教に差し向けるという重要な働きを担っていたからである[15]。しかしながら、たとえ話と説教との関係は一般には明々白々であるとしても、写本の欄外図とテクストとの関係はそれほど型どおりではなく、おそらく相互関係の痕跡しか残されていない場合もあるだろう。

聖職者席のミゼリコルドに見られる衣服争奪の図について論じる前に、『紡ぎ棒の福音書』と題する十五世紀の民間信仰集を見てみることにしよう。回り道をしながら、我々の歩みは徐々に聖域の中枢部へと導かれていくだろう。

3　民衆の想像世界における衣服のシンボリックな力

糸紡ぎ女たちの一団が語った話を、さる男が細大漏らさず書き写すには六晩かかったのだろう[16]。十五世紀後半にピカルディ地方でつくられたこの信仰集には二つの異本があり、一つは一四七〇年代に、もう一つはその後に制作されている。それは素朴な格言もしくは守るべき訓えという体裁をとっているが、まさに女性のための知恵の宝庫ともいうべきものである[17]。農業を確実に発展させるために女たちのとった〈方策《ルセット》〉とは、家庭での日常生活や夫婦関係に関わる民間信仰の信心と紙一重のものであった。

『紡ぎ棒の福音書』に記されている迷信には、皮膚と衣服が保護機能を果たす話が多い。たとえば次のような勧めがあちこちに散りばめられている。戦地に赴く男に〈出生時の帽子《コワフ》〉（出生時に新生児の頭について出てくる母親の胎内の羊膜）を与えると、彼は不死身になる[18]。また〈背後に帯紐や前掛けをひきずれば〉狼男《ルー・ガルー》から身を守ることができる[19]。あるいはまた〈小鬼《リュタン》から身を守るにはシュミーズを後ろ前に着る[20]〉。

このようなシンボリックな力が衣服に与えられているとするなら、我々としては夫婦間にもちあがりそうな諸問題の事例に注目してみなければならない。

もしも女が上位に立ち夫に殴られたくないのなら、夫のシュミーズを全部取りあげて、神父が金曜日にキリスト受難の話をするときに祭壇の下に置き、次の日曜日に夫にそれを着せるべきです。夫はこのシュミーズを身につけているあいだ妻に優しく礼儀正しくなるということを知っておくべきでしょう。[21]

第二の異本は、シュミーズを〈石の祭壇を覆う布《ナップ》の下に〉置くべしとまで指示している。ここに見られる迷信は、キリスト教の典礼に付随する〈魔術力〉を転用した典型的な一例である。[22] 祭壇の下にものを隠すというシンボリックな行為をとくに分析したアンヌ・ポペールによれば、〈まず第一に貴重な聖遺物を納め、聖別された祭壇との接触によって、そしてとりわけ、ものの上で行われるいっそう神聖なミサの効能によって、司祭も知らないうちに〉ものは不思議な力を授かるという。[23] このような換喩的な意味の変化によって、その日祭壇上で厳かに行われた祈禱は夫のシュミーズに染み込み、シュミーズにある能力を授け、それがまさしく皮膚に影響をおよぼす。厳密にはズボン《ブレー》が問題になっているのではないが、妻はこのような〈宗教的魔術〉の行為によって教会の中枢部にこっそりと介入しつつ、ようやく家庭内のいざこざを解決することができた。

このようにして説教師たちが世俗の人びとの日常生活に入り込む〈こつ〉を心得ていた一方で、世俗の人びともぬかりなく宗教から、ささやかながら神聖なるものを利用していたわけである。

4　聖域の中枢部への世俗の闖入──ミゼリコルドとマルジナリア

こうした話がまとまって流布している地域が、聖職者席のミゼリコルドで名高い聖堂のある地方、

VI-1 《ズボンをめぐる争い》 ルーアン大聖堂

とくにピカルディ、ノルマンディ、フランドル、そしてベルギーにほぼ対応していることは示唆的である。ミゼリコルドとは、教会の聖職者席の一つひとつの座板の下に突き出た小さな持送り《コンソール》のことで、世俗の情景が彫刻されることがもっとも多かったところである。それは聖職者たちの起立の姿勢を楽にする役割をも果たし、延々と続く聖務のあいだ彼らはまるで立っているかのように、この木でできた部分に寄り掛かっているのである。ミゼリコルドに彫刻を施した指物師たちは、世俗の人びとの日常生活や迷信や知恵、ときには宗教を笑いのめす彼らのやり方とか彼らに特有のテーマを、逆説ながら好んで教会の内陣にまで配置し、今日に残した。

《ズボンをめぐる争い》は指物師たちに好まれた主題の一つである。よく知られた図像の一つに、ルーアン大聖堂のミゼリコルドに表された例がある（図VI―1）。聖職者席の製作は一四五七年にルーアンの指物師フィリッポ・ヴィアール親方に依頼されたが、彼のもとには十六人の指物師が働いており、そのうちの何人かがフランドルのひとであった。工事は一四五七年九月三十日に開始され、一四六九年に完了した。聖職者席の依頼人代表はギヨーム・デトゥットヴィル司教枢機卿であった。ミゼリコルドは八六を数え、内陣にある聖職者席のうち祭壇に遠い方の席に存在する。問題の図像が繰り返し採用されたということは[24]、この図像が自ずと文脈から切り離されてしまったということであるが、ここで見直したいと思うのはまさにこの点で、実際どのような思想によって《ズボンをめぐる争い》がミゼリコルドの図像プログラムに組み込まれたのかという問題である。ルーアン大聖堂の聖職者席のミゼリコルドは第二次世界大戦中の爆撃の後つくり直されたものだが、さいわい十九世紀にイアサント・ラングロアがおこなった模写があり、これにより図像の正確な配置がわかっている。[25]《ズボンをめぐる争い》には一人の男と一人の女が向かい合い、二人がそれぞれの方へ一着の衣服を激しく引っ張りあうさまが描かれており、イアサント・ラングロアの模写からは、男が右手にナイフを持っているという、現在のミゼリコルドでははっきりしない細部がわかる。男にとっては争いの種である衣服をずたずたに引き裂いてしまうほうが、奪い取ろうとする女に譲って手放すよりはましだということなのだろうか？　いずれにせよ一般には、この情景はだれが〈ズボンをはくのか〉を決めるための夫婦の真剣勝負を表わすものとされる。

　重要なのはこのミゼリコルドの位置と、それを取り囲む他のミゼリコルドとの関係である。というのも《ズボンをめぐる争い》は、二つのグループのミゼリコルドのまさしく転換点に位置しているからである。すなわち一方では、次の図解（図VI—2）の下半分に見られるように毛織物や衣服や履物の職に関わる一連のミゼリコルドに接し、他方では上半分に見られるように、とくに闘いのテーマに関わる一群に接している。[26]

　《ズボンをめぐる争い》（No.11）の右側には、四つん這いになった男が女に両手を押しつぶされているところが描かれている（No.10）。その次のミゼリコルド（No.9）は、歓楽におぼれ、政務をなおざりにしているとアレクサンドロス大王を非難した哲学者アリストテレスの話に取材されている。当のア

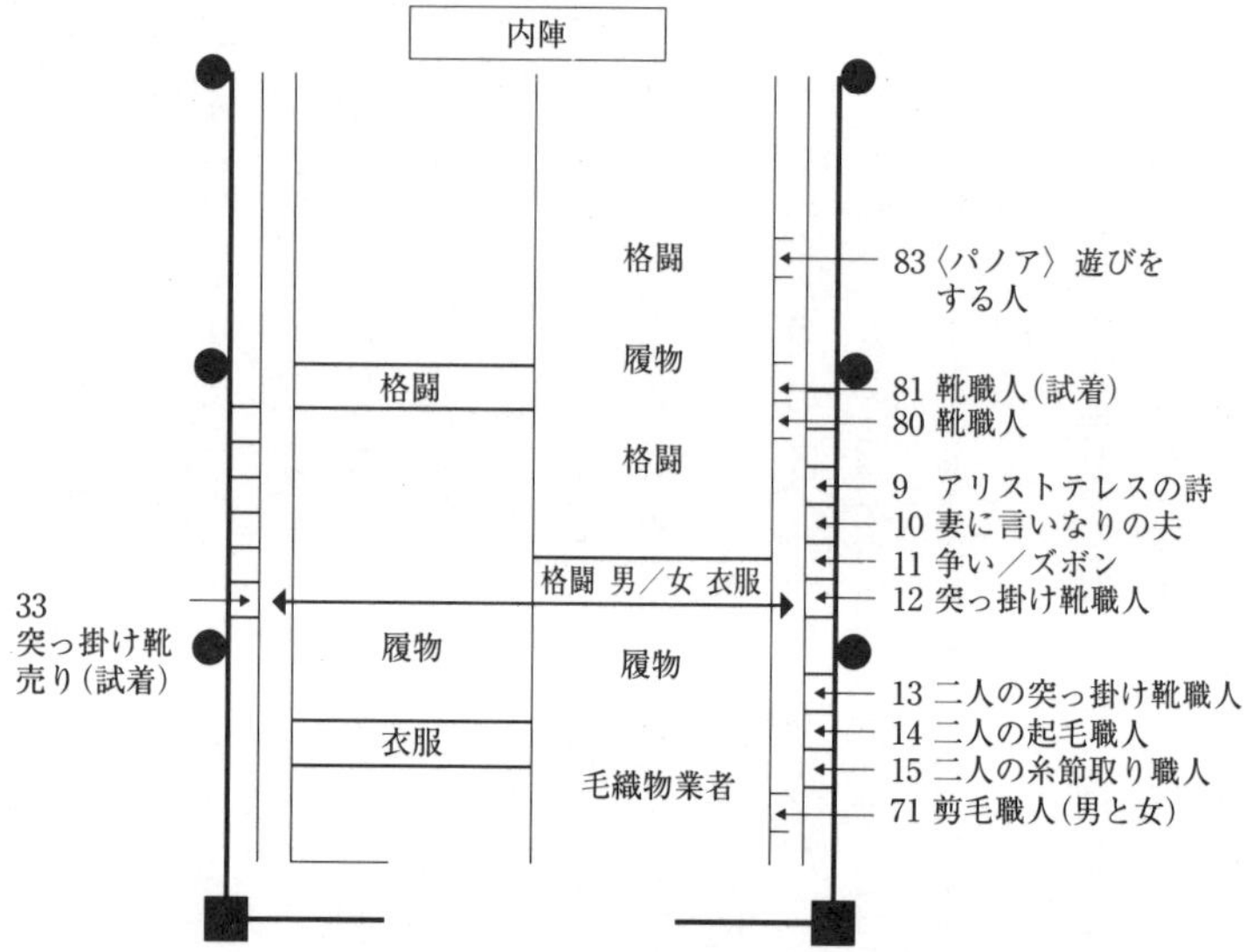
内陣
格闘
履物
格闘
格闘
格闘 男／女 衣服
履物
履物
衣服
毛織物業者
83〈パノア〉遊びをする人
81 靴職人(試着)
80 靴職人
9 アリストテレスの詩
10 妻に言いなりの夫
11 争い／ズボン
12 突っ掛け靴職人
13 二人の突っ掛け靴職人
14 二人の起毛職人
15 二人の糸節取り職人
71 剪毛職人(男と女)
33 突っ掛け靴売り(試着)

VI-2　ルーアン大聖堂聖職者席の図像プログラムにおける《ズボンをめぐる争い》のミゼリコルドの位置

リストテレス自身、さる美女にぞっこん参って思慮分別を失い、儀仗馬のように鞍を置かせて女にまたがらせたほどである。女性に支配された男はもはや闘うこともできない。もう少し祭壇に近い方の席で、高低二列の席のうち低い方の席には遊びに関わる闘いの情景がある。それは〈パノア〉といい（No.83）、一本の棒を互いの方向に引っ張り合って相手のバランスを失わせる遊びである。したがって《ズボンをめぐる争い》は、織物に関する図像群と闘いに関する図像群とのつなぎ目に位置している。要するにこの図像は整然と並べられた配置に意味をもたせる連結ボルトといえる。

ルーアン大聖堂の八六のミゼリコルドには、聖堂の外壁を飾っているグロテスクな情景と同じ図像が多い。[27]十三世紀末に製作された朔日門《ポルタイユ・ド・ラ・カランド》の浮き彫りのなかには、想像上の生き物たちに実に特異な闘いの場面の伴ったものがある。それは二人の男が一着の服を争っているあいだに、三人目の男が横木にかかっている長い布を横取りするという図である。[28]十五世紀の指物師たちは、当時のルーアンの毛織物業組合が得ていた名声をよく知っていたから、毛織の布をめぐるこんな争いを目にしなかったはずはなかろう。

十三世紀に剪毛《せんもう》職人組合は、ヨセフの物語群を表わした二つの大ステンドグラスをルーアン大聖堂に寄贈している。これらのステンドグラスには、ヨセフの衣服に関わる逸話が実に多く含まれていた。兄弟にはぎとられたヨセフの着物が血塗られ、父のヤコブの眼前にさらされたという逸話［旧約聖書「創世記」第三七章］のほか、ヨセフがポティファルの妻からようやく逃れたものの――ことばの語源の通り（逃れる échapper は外套 chap を残して逃げるという意味である）――着物を残してしまったという逸話［旧約聖書「創世記」第三九章］もよく知られていた。衣服は六つのメダイヨンに繰り返し登場し、きわめて大きな象徴性をもった物語の導線としての役目を果たしている。もっとも衣服の象徴的側面にこれほどの重要性を与えているのは、大聖堂にあってステンドグラスだけである。ステンドグラスの下部のメダイヨンの周囲には寄進者である剪毛《せんもう》業組合が示され、大鋏みを使った布の剪毛作業の真っ最中である。

二世紀後に指物師たちはふたたび織物業を取り上げることになり、毛織物の剪毛に共同して従事す

VI-3　ヴィルフランシュ・ド・ルエルグ　参事会聖堂

る男女をミゼリコルドに描くことになる（No.71）。二人のあいだには平穏があり、そしてこの図は鏡のような効果を巧みに用いて、一方ではヨセフのステンドグラスと、他方では平穏とはほど遠い夫婦の衣服争奪の図と、双方に関係をもたされている。

ところで南フランスのアヴェロンでは、争いの的になるズボンはまったく別の扱いを受けている。ヴィルフランシュ・ド・ルエルグのノートル・ダム参事会聖堂の内陣には、施工者アンドレ・スュルピスの指揮のもとに一四七三年に造られた一連の聖職者席が残されている[29]。その《ズボンをめぐる争い》のミゼリコルドを初めて目にするとき、まず驚かされるのは二人の人物の姿勢である。というのは男女は向かい合って座っており、これまでの例のように立姿ではないからである。妻と夫の足裏はぴったりと合わされ、二つの穴の開いたズボンを双方で引っ張り合っている（図VI—3）。定型をはずれたこのような表現は〈パノア〉という遊びを手本にしており、この遊びはすでにルーアンでも、その他の教会でも聖職者席のミゼリコルド群に表わされていた[30]。対抗者は互いに向き合って座り、二人で一本の棒かなにかを握り、相手のバランスを崩させた方が勝ちである。このような力くらべの遊びは、今日では〈鉄の腕〉と呼ぶ遊びに該当する[31]。フランドルでは〈stygerspel〉という語で指す遊びであり[32]、オック語では〈lou tiro-carré〉、つまり〈車曳き〉と呼んでいるから〈対抗者は互いに相手にとって引き寄せるべき車〉ということであろう[33]。

〈パノア〉という語は古仏語に名詞としては存在しないが、これはおそらく棒を振りかざしたり、振り回したり、操ったりする行為を示す〈pannoyer〉や〈panoier〉という動詞に由来するのであろう[34]。この遊びは一般には力くらべの遊びである。ボーヴェのサン・リュシアン大修道院のミゼリコルド（図VI—4）をヴィルフランシュ・ド・ルエルグのものに比較してみると、二人の身体が同じように左右対照に配置されていても、ボーヴェでは向き合った二人の闘士が〈直角〉を描いている点で目立っている。このように比べてみれば、ヴィルフランシュ・ド・ルエルグの《ズボンをめぐる争い》が示す権力闘争はやはり遊戯としての意味を帯びてくる。この種の比較をしているのは、聖域というコンテクストのなかで各ミゼリコルドがもつ関係と、写本の欄外図《マルジナリア》と世俗の彫刻とがもつ関係との双方を、別の視点で見直してみたいからである。

VI-4　パノア遊び　ボーヴェ　サン・リュシアン修道院

　これより一世紀早く〈パノア〉遊びは『アレクサンドロス大王物語』の写本欄外に入り込んでいる[35]。ジャン・ド・グリーズが彩色装飾したこのフランドルの写本は、欄外図の象徴的役割を改めて考えさせるものだが、これについてはミゼリコルドとマルジナリアに現われるもう一つの格闘図を以下で扱うさいに見直すことにしよう。ミゼリコルドがたしかに教会の欄外であるといえるのは、写本のマルジナリアが本文に対して欄外であ

Ⅵ-5 『孔雀の誓い』挿絵

るといえるのと同じであり、このような二つの副次的表現のあり方を対照させることによってこそ、指物師たちの想像の世界はよりいっそう理解しやすくなる。

〈パノア〉遊びと《ズボンをめぐる争い》の組み合わせは、十六世紀にはカンピヌ地方のホーグストラエン参事会聖堂の内陣の聖職者席にみられる。一連のミゼリコルドはララン伯ホーグストラエン殿の注文により、一五三一年から一五四八年のあいだに当地の彫刻師アルブレヒト・ゲルメールによって造られた。この作品はルーアンの場合のように剪毛職人が表わされている点と、これまでにはないズボン争奪の図が描かれている点で独創的である。夫婦間のいさかいとして今や古典的となった場面には、髪を振り乱した二人の女の姿があり、後方の窓で男が振りかざすズボンをどちらがはくのかをめぐって女たちは争う。一方の女が相手の髪をつかみ、洗濯棒で激しく打ちすえ、相手の女は打ちのめされている。[36] ズボンをめぐる女たちの闘争の図が木版などの版画の普及により大当たりするのは十六世紀以降のことであるが、[37] すでに十五世紀後半には新しい図像がもう一つ現れている。すなわち勝ち誇った女が、今しがた手に入れたばかりのズボンを片手ではきながら、もう一方の手で紡ぎ棒をもち、夫を打擲しながら糸紡ぎを強いる図で、これが《ズボンをめぐる争い》の提示する問いに与えられる一つのいわば解答であろう。

女の仕事を強制された男は両手で糸繰り機を持っているのだが、このような逆さまの世界はスペインのミゼリコルドに二例[38]、またフランドルの画家イスラエル・ファン・メクネムの一四八〇年の版画に例がある[39]。

妻の言いなりになる夫というテーマは彩色写本の欄外によくある図像である。『孔雀の誓い』というフランコ・フラマン派写本[40]は一三五〇年頃に制作されたが、多くのマルジナリアを含み、そのなかに妻に奪われたズボンを取り戻そうとしている弱々しい男の姿がある（図VI―5）。これを同じ頁《フォリオ》の本文に突き合わせてみると、欄外のこの図は宮廷風恋愛を「逆さまにした」図像であることがわかる。本文中で展開されているのは、まことの愛《フィン・アモール》という名でよく知られた思想で、女性は永遠に満たされることのない欲望の対象として存在するというものである。男はあらゆる手段を用いて、いつまでもつれない女性を口説こうとする。男は女を称賛してやまず、美女の魅力の虜になったあまり分別を失ない、翻弄され、苦しめられてもなお感謝する。

まことの愛《フィン・アモール》のためにわたしを苦しめる美女、
彼女の白い胸元、顔と顎、
巻毛の金髪をおもうまま眺めていると、
私はすっかり動転し、ほかのなにも見えなくなり、
なにも感じなくなり、彼女の前で思うように振る舞えるか
どうかさえ分からなくなる　（第六葉裏）

VI-6 『ジャンヌ・デヴルーの時禱書』挿絵

第七八葉《フォリオ》には同じ文脈で、頭上にぶらさがっているズボンを恭しく讃えている一匹の猿がいる。[41] この写本の欄外図は概して主要な主題であるはずの宮廷風の詩から逸脱しているばかりか、写本を彩る騎士の戦闘図と本文とのあいだに複雑な関係をつくりあげている。『孔雀の誓い』の核心にあるのは、『アレクサンドロス大王物語』〔その第三枝篇として挿入されたのが『孔雀の誓い』である〕の武芸試合という観点でも、また恋愛という観点でも闘争なのである。

『ジャンヌ・デヴルーの時禱書』の本文の脇に、小さいけれど女が突如として現れることにも〈逆さまの世界〉がうかがわれる（図VI―6）。一三二五年から一三二八年頃に制作されたこの時禱書に欄外図や挿絵を表わしたのはジャン・ピュセルであるが、彼は日常生活や遊戯から借用したさまざまな情景をキリスト受難の図像群に付け加えている。[42] 挿絵画家が祈禱という聖務を綴った宗教書の欄外に世俗文化に取材した話を挿入し、受け手の好奇心を刺激する配慮をしたというのは驚くべきことである。こうしてシンボリックなズボンを勝ち取った女が、〈熱い手〉遊びというような遊戯の情景と隣り合わせになる。[43] 欄外図は受け手の注意をそらすのではなく、それどころか世俗の体験からキリスト受難の挿図の方へと巧みに誘導する働きをする。欄外図は類似の効果を利用することにより触媒の働きをするわけで、読者の笑いを誘い、読者自身の体験を主イエスの生涯になぞらえさせ、彼らを啓発する。

さて《ズボンをめぐる争い》という世俗の主題にまつわる図像とテクストとを比較するとき見逃がしてはならないのは、これらの作品の作者が何よりもまず「男たち」であったという思想背景の重要性である。男たちの世界観を我々に共有させてくれるのは男たちであり、敵対者としての女性を語るのも同じ男たちである。それは闘争がもともと〈男たちの歴史〉であったからなのだろうか？

衣服の争奪というかたちをとった闘争が、シンボリックな意味を表わすためにどのようなモデルを使ったのかは、このような点に視点を移すことによって初めて、充分に理解されるはずである。

5　格闘の道具としての衣服

指物師たちの想像の世界をより深く理解するには、聖職者席のミゼリコルドと写本の欄外図とを突き合わせてみる必要がある(44)。その方法手順を体系化しようとするのは危険であろうが、しかし機会が訪れたときにはやってみるべきである。なぜならこのような照合によってこそ、中世の図像のなかで原型となる格闘図に立ち戻ることができ、衣服を用いたシンボリックな賭けがよりいっそう理解されるからである。ミカエル・カミーユの先駆的な研究はこの点に関してきわめて示唆に富む。彼女の研究は写本の欄外に関する新しいアプローチの扉を開いた。つまり欄外図《マルジナリア》やミゼリコルドの意味を調査するときには、両者の研究の隔壁を取り除けば実りの多いものになるということを示している(45)。

この視点にたって男たちの格闘図の事例を具体的に検討してみると、《ズボンをめぐる争い》はあ

VI-7　グロチェスター大聖堂　ミゼリコルド

る原初的なモデルに影響された可能性のあったことがわかる。二人の男の格闘図で十三世紀にもっとも古典的かつ流布していたのは、対抗者の身体が対称的に配置されているという特徴をもつ図である。すなわち二人が上半身裸で、ズボンをまくりあげ、互いの胴をつかみ合い、容赦のない取っ組み合いをしている図である[46]。

イギリスではこの格闘に新しい要素が加わっているが、それは対抗者の首に巻き付けられているスカーフである。古典的な格闘の場面にこのような追加、紛れもない接木があるのであれば、闘いの意味は修正される。たとえばグロチェスター大聖堂の十四世紀のミゼリコルドには、両者の上半身に巻き付いた下着のようなものを二人の男が激しく引っ張り合って闘っている例がある[47]（図VI―7）。この衣類は格闘のための道具なのだろうか、それとも二人はそれを奪い合っているのだろうか？　男たちは相手から布を奪おうとしているのか、あるいはもっと単純に一本の棒を二人の遊び道具とするあの〈パノア〉のように、相手のバランスを失わせようとしているのか？　どちらかといえば後者の解釈をとりたいが、それは一三八〇年制作とされるバルセロナのあるミゼリコルドに、座って闘う二人が足裏を合わせて、一枚の長いスカーフを使って力を競い合うという同じような場面があるからである[48]。これより数年さかのぼると、ノーウィッチ司教区に残された詩篇集の欄外に、グロチェスターの例とすっかり同じ闘いの場面がある[49]（図VI―8）。

Ⅵ-8 『オームズビィの詩篇集』挿絵

ズボン《ブレー》の上部は腰の高さでぐるぐると巻かれ、右の人物はズボンの裾を細い紐で吊してまくりあげている。ただしこの図では、衣服の争奪がほかとは違ったコンテクストのなかに置かれている点で独創的である。この『オームズビィの詩篇集』の第一〇九葉《フォリオ》には詩篇第八〇編が掲載されている。テクストは樹木状の飾りで縁取られ、その上にさまざまな怪物が配置されている。頁《フォリオ》の上部には二人の怪物の闘いの場面があるが、一方は剣と仮面の絵の付いた盾で武装している。下部にも闘いのテーマが選ばれ、上下はすっかり対照的である。格闘者の首に巻き付けられた布はズボンと同色である。頁の中程に詩篇集第八〇篇の冒頭が挿絵になっているが、それは次のような最初の一節を図像化したものである。

わたしたちの力の神に向かって喜び歌い
ヤコブの神に向かって喜びの叫びをあげよ。
ほめ歌を高くうたい、太鼓を打ち鳴らし
琴と竪琴を美しく奏でよ。
角笛を吹き鳴らせ
新月、満月、わたしたちの祭りの日に。（二―四節）

仮庵の祭がこのように行なわれ、［イスラエル人のエジプト脱出後の］荒れ野での宿営生活と、シナイ山でモーセに授けられた十戒とが記念される。祭は、モーセのおかげでエジプトを脱出でき、敵の奴隷にならずにすんだことをヤハウェの民に想起させる。次の頁ではヤハウェがはっきりと自身の敵に言及している。

わたしの民がわたしに聞き従い
イスラエルがわたしの道に歩む者であったなら
わたしはたちどころに彼らの敵を屈服させ
彼らを苦しめる者の上に手を返すであろうに。
主を憎む者が主に屈服し

この運命が永却に続くように。（一四―一六節）

ところで欄外の挿絵画家は格闘者たちの左側にわざわざ小さな怪物を描いているが、人差指を立てた手をテクストの方に向けさせているのは、我々の視線を詩篇集第八〇篇の内容に導こうとしているかのようである。写本の欄外図とテクストのあいだには整合性がないことの方が多いことがわかっているが、ここではそうではない。圧政者に対するヤハウェの闘いという戦闘に結び付いた宗教的な内容のテクストに、俗人の日常から借用した世俗のテーマを関係づけようとする明確な意図が感じられる。(50)

『メアリー王妃の詩篇集』(51)は一三一〇年から一三二〇年のあいだにイギリスで制作されたものだが、図像の背景《コンテクスト》が貴重な情報をもたらしてくれる。一枚のスカーフで互いに締め付け合って闘っている二人のそれぞれが、背後を見物人で囲まれているからである。この格闘が特異であるのは、闘いを見物している男の一人が手に長い竿を持っており、そのてっぺんに一羽の雄鶏が鎮座していることである。鶏は格闘の賭金であり、賞金なのである（図VI―9）。これを獲得した者は〈鶏《プール》の王様〉、逃した者は〈裸《デプール》の王様〉と呼ばれるが、後者は自分の〈皮《プール》〉pole または〈毛皮《プール》〉poille を失ったという意味で、そこで鶏《プール》、要するに雄鶏を失った者という意味になる。

カーニヴァル期の恒例であった闘鶏の習わしについては、すでにクロード・ゲニュベの詳細な研究がある。毎年、謝肉祭最後の木曜日《ジュディ・グラ》には若者たちが各自の雄鶏を持ち寄って集まった。雄鶏を闘わせた後、勝ち残った鶏の持ち主は〈学校の王様〉とか〈子どもの王様〉と呼ばれ、冠をかむり、マント

Ⅵ−9 『メアリー王妃の詩篇集』挿絵

を羽織り、引き連れた仲間たちに喝采されながら止り木にまたがって勝ち誇って行進するのだった。その代わり前年の王様は哀れにも衣服を脱がされ、行列の後に続き、〈裸の王様《デプール》〉と呼ばれ、ここには〈皮を剝がされた王様《デ・プール》〉〈雌鶏の《デ・プール》〉ということば遊びがあった。(52) 闘鶏の図は『アレクサンドロス大王物語』の写本の欄外には展開されているが、(53)『メアリー王妃の詩篇集』にこの種の闘鶏が登場することはない。このような試合では家禽は単に勝ち取ったり逃したりするものでしかない。十七世紀以後、勝負が始まる前に置かれる賭金、つまり最後に勝者に渡る賭金の総額を表わすのに〈雌鶏〉poule（英語では pool）という隠語が博打うちに使われるのは、このためであろう。

一羽の雄鶏を殺すことにより選出され、王様の特権を与えられたとするなら、同じようなことが一四九六年にもあった。それは、ラン市の会計記録簿に記されている、今では忘れ去られたある民俗儀礼である。新しい王様を任命するために、その名にふさわしい酒盛りが毎年催されていた。〈クリスマスの数日後ランの市民は一堂に会し、一月十三日に催される祭りを主宰する長を一人、つまり「ズボン《ブレー》の王様」を決める習慣であった。この王様は大元帥を一人とその場限りの取り巻きを従えていた。三日天下の名をあげ、楽しい思い出になるように、「ズボンの王様」は鉛のコインを一枚つくらせ、片面にはズボンを、その裏面には傷んだ百合の花が一つ付いた十字架を描かせた。ズボンと十字架のそれぞれの周囲には「ズボン《ブレー》の王様」という文字が読めた[54]〉。このような遊びの後、前年の王様は〈粗末なズボン《ブレー》の王様〉、〈ズボンを奪われた《デ・ブレイエ》王様〉、つまり古くなったズボンを脱がされた王様と名付けられた。〈身なりがだらしない《デ・ブレイエ》〉débraillé という語が登場するのはようやく十六世紀になってからのことである。ここでもまた問題の言い回しはことば遊びから生まれており、衣服がシンボリックな広がりを最大限にもつのもまたことば遊びによるのである。

十五世紀の中世ヨーロッパに生きる男女の心性と感性の歴史を著わすには、ここで出会ったすべての資料を交叉させねばならない。笑話《ファブリオ》、たとえ話《エグザンプラ》、座板持送り《ミゼリコルド》、欄外の挿絵《マルジナリア》、そして民俗的な習わし、これらが重なりあうところで今日の歴史家は、指物師の想像世界をもっともよく理解することができる。《ズボンをめぐる争い》という世俗的主題の彫刻は、このような世俗の文化のなかに置かれてこそシンボリックな価値を最大にもつことになる。

本論の目的は写本の欄外《マルジナル》図の展開がまさしく周縁《マルジナル》領域で繰り広げられていることを示し、聖職者席のミゼリコルドを新しい方法で理解することであった。ミゼリコルドは〈二乗された図像〉である。ゆえに今後これらの図像は単純な様式論としてではなく、人類学的かつ社会的な方法で分析する必要がある。戯作には意味がないわけではなく、嘲笑と微笑から、俗人の文化と聖職者の文化とのあいだにある中世の社会文化的な関係がよりいっそう理解される。

最後に我々の日常のなかの女性たちを語ることにしよう。今日たとえ〈ズボンをはく〉という言い回しが使われなくなったとしても、今でもその通りであると気付くには両目を上げて町をそぞろに眺めるだけで充分である。現代の社会を象徴する衣服――ジーンズ――を身につけることによって女性は、自身の身体にエロチシズムを与えながら、それまで拒否されていたシンボリックな自由を再び勝ち得ている。この第二の皮膚をまとった現代の女性はたしかに〈ズボンをはいている〉と、これからは言いたくなるだろう……。

註

（1） H.Bloch, «Le mantel mautaillié des fabliaux», *Poétiques*, t.14, 1983, pp.181-198 を参照。この論文は同著者による *The scandal of the Fabliaux*, Chicago, 1986, pp.22-58 に再録されている。皮膚と衣服が鏡のような隠喩としてテクストに現われることについては、拙論 P.Bureau, «Les valeurs métaphoriques de la peau dans le *Roman du Renart*. Sens et fonction», *Médiévales*, no. 22-23, 1992, pp.143-148 を参照されたい。筆者は中世盛期（十二―十三世紀）の図像と想像世界を通して衣服のシンボリズムをさらに広範に考察する博士論文を、パリ社会科学高等研究院でジャン-クロード・シュミット Jean-Claude Schmitt の指導により作成中であるが、本試論と上記論文はその一部である。

（2） ここではパリに保存されている写本（フランス国立図書館蔵 Ms. Fr. 837, f. 49b-51b）を使うが、もう一つがベルリンに保存されている。ここで基にした校訂テクストは W.Noomen と N.Van Den Boogard による *Nouveau recueil complet des fabliaux*（以下 NRCF と略す）, Assen, 1984, t.II, pp.3-26 である。問題のファブリオに関する最新の書誌は次に記載。*Dictionnaire des lettres françaises, le Moyen Age*, Paris, 1992, p.688 (Hue Piaucele の項目)

(3) これに関しては次を参照。T. Wright, *Histoire de la caricature et du grotesque dans la littérature et dans l'art*, Paris, 1866, pp.117-119

(4) NRCF, *op. cit.*, 1988, t.IV, pp. 191-216

(5) B.N.F., Ms. Fr. 24432, f. 412-414 v（十四世紀前半）. A. Langfors, «le dit de dame Jouenne», version inédite du fabliau du *Pré tondu*», *Romania*, t. 45, 1918-19, pp. 99-107 を参照。

(6) 一般に baniere は〈手工業《メティエ》組合〉または〈同業者信心会〉の意味であるが、一六三行目では〈血縁関係〉という特別の意味が含まれているように思う。

(7) L. Beaumont-Maillet, *La guerre des sexes (XVe-XIXe siècles), les albums du Cabinet des Estampes de la Bibliothèque Nationale*, Paris, 1984, p.15（Joos de Bosscher 店で発行された版画に、本論の冒頭に引用したフランドルの諺が添えられている）。

(8) *Dictionnaire des lettres françaises, op. cit.*, p.438. J. Berlioz による exempla に関する説明。

(9) J. Horowitz et S. Menache, «L'humour en chaire. Le rire dans l'Eglise médiévale», *Histoire et société*, no. 28, Genève, 1994, p.67

(10) *Ibid.*, p.68

(11) *Ibid.*, pp. 216-226

(12) B.N.F., Ms. Lat. 16481, f.109. このたとえ話は *l'Histoire littéraire de la France*, t.XXVI, Paris, 1873, p.406 で初めて紹介され、その後 A. Lecoy De La Marche の *La chaire française au Moyen Age*, Paris, 1886, p.435 で、そして J. Horowitz et S. Menache, «L'humour en chaire», *loc. cit.*, p.228 で紹介された。

(13) 術語の観点からいえば、これら二つの概念の方が歴史的現実により適っている。両文化の分化に関しては次の革新的な論文を参照。M.Lauwers «"Religion populaire", culture folklorique, mentalités. Notes pour

une anthropologie culturelle du Moyen Age», *Revue d'histoire ecclésiastique*, 82, 1987, pp.221–258. 〈民間信仰〉に関する書誌は p.231 と P. Dinzelbacher, «Zur Erforschung der Geschichte der Volksreligion», *Volksreligion im hohen und späten Mittelater*, éd. P. Dinzelbacher et R. Bauer, Paderborn, München, Wien, Zürich, 1990, p.15–19 を参照。

(14) M. Lauwers, loc. cit., p.247

(15) 次を参照。L. M. C. Randall, «Exempla as a Source of Gothic Marginal Illumination», *The Art Bulletin*, 39, 1957, pp.97–107

(16) M. Jeay, *Les Évangiles des Quenouilles*, Paris, 1985. さらに近年のものとして次を参照。A. Paupert, *Les fileuses et le clerc. Une étude des Évangiles des Quenouilles*, Paris-Genève, 1990

(17) ここで用いているのは最初の写本である。Ms. C., Chantilly, Musée Condé, 654

(18) F. 56 v.

(19) F. 16 v.

(20) F. 16

(21) F. 47 v.

(22) A. Paupert, *op. cit*., p.192

(23) これに関する書誌は次を参照。 M. Jeay, *op. cit*., p.173. また聖水盤に嫉妬深い夫のシュミーズを浸すというような他の迷信との比較については次を参照。A. Paupert, *op. cit*., p.193

(24) 次を参照。 Cl. Gaignebet et J.-D. Lajoux, *Art profane et religion populaire au Moyen Age*, Paris, 1985, p.48 ; D. et H. Kraus, *Le monde caché des miséricordes*, Paris, 1986, p.65

(25) E. H. Langlois, *Les stalles de la cathédrale de Rouen*, Rouen, 1838

(26) 図の番号はイアサント・ラングロア Hyacinthe Langlois に拠る。

(27) M. Camille, *Image on the Edge. The Margins of Medieval Art*, London, 1992, pp.85–94 を参照。（著者は

ルーアン大聖堂北入口（書籍商の門《ポルタイユ・デ・リブレール》）のグロテスク文様とミゼリコルドのそれとの類似を強調している。）

（28）J. Adeline, *Sculptures grotesques et symboliques*, Rouen, 1879, fig. 53 に掲載。

（29）この聖職者席に関しては次が最新の著作である。G. Bernard, «Le carnaval des miséricordes de la collégiale de Villefranche-de-Rouergue», *Mélanges Historiques Midi-Pyrénéens offerts à P. Gérard*, Toulouse, 1992, pp.45-57, 35 fig

（30）次を参照。E.C.Block, «The Pastimes of Medieval Children and their Elders», *Romance Languages Annual*, 1991, vol.II, pp.30-44

（31）次を参照。D. et H. Kraus, *op. cit.*, p.85

（32）次を参照。L. Maeterlinck, *Le genre satirique, fantastique et licencieux dans la sculpture flamande et wallonne. Les miséricordes de stalles, art et folklore*, Paris, 1910, p.197

（33）L. Pressouyre, «A propos d'une stalle de Saint-Bertrand-de-Comminges. Notre ancien art religieux fut-il anticlérial?», *Revue de Comminges*, t. 83, 1970, p.151

（34）F. Godefroy, *Dictionnaire de l'ancienne langue française*, Paris, 1888, t.V, p.723

（35）Oxford, Bodleian Library, Ms. Bodley 264, f.100. 彩色装飾は Jean de Grise により一三三八－一三四四年にフランドルで制作。M. R. James, *The Romance of Alexander*, Oxford, 1993 に掲載のファクシミリを参照。

（36）*Art profane et religion populaire au Moyen Age*, *op. cit.*, p.49 の図を参照。

（37）L. Beaumont-Maillet, *La guerre des sexes*, *op. cit.*, fig.13 et 55. またもっぱらこの問題を論じている次の著作を参照。S. Metken, «Weiberstreit um eine Männerhose», *Bunte Bilder am Bienenhaus Malerein aus Slowenien*, Munich, 1991, p.67-77

（38）I. Mateo Gomez, *Temas profanos en la escultura española. Las sillerias de coro*, Madrid, 1979, fig. 277-278 et p.293（レオン León のミゼリコルド、1467-1488）

(39) *The illustraited Bartsch. German and Netherlandish Masters of the fifteenth and sixteenth centuries*, éd. M.Wolff, New York, 1985, vol.23, p.98 に掲載。なお十五世紀末の制作とされるザグレブ大聖堂宝物館所蔵のMissel de Juraj de Topusko の欄外にも同じような場面があることを御教示くださったアレクサンドル-ビドンD. Alexandre-Bidon 氏に感謝申し上げる。

(40) この写本に関しては次を参照。J. Plummer, *Manuscripts from the William S. Glazier collection*, New York, 1959, p.21 (『孔雀の誓い』*Vœux du Paon* はアレクサンドロス大王物語の第三枝篇に挿入されたものである。

(41) 次を参照。L. M. C. Randall, *Images in the Margins of Gothic Manuscripts*, Berkeley-Los Angeles, 1966, fig. 537

(42) 次を参照。K. Morand, *Jean Pucelle*, Oxford, 1962, pp.13-16, 41-42

(43) 次を参照。L. M. C. Randall, «Games and the Passion in Pucelle's Hours of Jeanne d'Evreux», *Speculum*, 47, 1972, pp.246-257

(44) Ch. Grössinger, «English Misericords of the Thirteenth and Fourteenth Centuries and their Relationship to Manuscript Illuminations» *Journal of the Warburg and Courtauld Institutes* [以下 JWCI と略す]、vol. 38, 1975, pp.97-108 を参照。

(45) M. Camille, *op. cit.*, pp.93-97 を参照。

(46) 十三世紀前半の制作とされる ヴィラール・ド・オンヌクール Villard de Honnecourt の『写生帳』にある図をとくに念頭においている。(B.N.F., Ms. Fr. 19093, f.14v.)

(47) J. Farley, *The Misericords of Gloucester Cathedral*, Gloucester, 1981, fig. 57

(48) I. Mateo Gomez, *op. cit.*, p.319. イギリスのイリー Ely 大聖堂には一三三九—四一年制作とされるミゼリコルドに一枚の布を二人が首に巻き付けて立って闘っている情景のあることを御教示くださったエレン・ブロック Elaine Block 氏に感謝申し上げる。

（49）次を参照。L. F. Sandler, *Gothic Manuscripts, 1285–1385*, New York, vol.5, 1986, pp.49-51, notice no.43

（50）欄外図のシンボリックな解釈に関しては次を参照。S. K. Davenport, «Illustrations direct and oblique in the margins of an Alexander Romance at Oxford», JWCI, vol.34, 1971, pp.83-95（欄外の些細な格闘図とアレクサンドロス大王物語の武芸試合や戦闘の場面とのあいだには、きわめて大きな関連があることを著者は明らかにしている。）

（51）次を参照。L. F. Sandler, *op. cit.*, pp.64-66, notice no.56

（52）Cl. Gaignebet, *op. cit.*, p.170

（53）次を参照。Cl. Gaignebet, «Sur le Jeudi-Jeudiot», *Bulletin folklorique d'Ile-de-France*, no.2-2, 1968, pp.35-44, no.5, 1969, pp.105-108

（54）M. Matton, «La royauté des braies», *Bulletin de la Société académique de Laon*, vol.IX, 1859, pp.247-251

フランソワ・リゴロ

ベルールの『トリスタン物語』における衣服の形象価値[1]

ベルールのトリスタン物語の開始を告げる重要な事件が、血痕の付いた敷布《ドラ》のエピソードであることは間違いない。小人のフロサンの奸計は半ばまでしか成功することはなかった。王妃の寝台と自分の寝台とのあいだに小人が小麦粉を撒くのを見たトリスタンが、足跡が付かぬよう寝台から寝台へと飛び移ったからである。トリスタンは前日の狩りの途中で傷を負っていた。そこで傷口が開いた。

傷口が開き、ひどく血が流れる。
傷口から出た血は敷布に染みをつける。
傷口から出血し……（七三二—三行）
あちらこちらに血はたまる。(2)（七三五行）

こうして事件は血痕の付いた敷布で始まる。

王は寝台に血痕を認めた、
白い敷布が血で赤く染まっていた。（七六七—八行）

このときから恋人たちの運命は、王の寝所の敷布に付いた、このいまいましい血痕に必ず結び付けられていくようにみえる。そして詩人ベルールはとりかえしのつかない事態に救いを求める調子になる。

　なんということだ！　王妃が
　敷布を床から取り去らなかったとは！
　そうしておけば、この夜どちらも証拠を残すことはなかったのに。（七五〇―二行）

王の激怒と司法の機構が同時に動き始める。〈二人の家臣はふたりを裁きにかけようと夢中になる〉。敷布は証拠品であり、[3] フロサンの悪辣な陰謀のおぞましき結末であり、そして恋人たちがカルヴァリオの丘に向かう出発点でもある。のちのデスデモーナのハンカチであり、またイポリットの剣である。[4]

　ところが、古いことばの意味で使われている敷布〈drap〉という語はやがて別の役目を演じるために再び現われる。〈礼拝堂の逃避〉と称されるエピソードのなかのこと、トリスタンの衣服（drap）は風で膨らみ、おかげで滑空が制御され、トリスタンは大地にたたきつけられずにすむ。

　風が彼の服《ドラ》を膨らませ、（九五一行）

トリスタンは救われる。王の寝所の敷布《ドラ》は彼に破局を急がせたが、彼の衣服《ドラ》は破局を免れさせた。もちろん彼の逃亡に寄与した事情はほかにもある。風が吹いていたし、土は〈軟らか〉だった。それでもやはり逃亡できたのは彼の衣服のおかげである。

おかげで勢いよく落下せずにすんだ。（九五二行）

この奇蹟的な出来事は物語のなかで繰り返し触れられることになるが、そのたびに神の〈偉力〉と慈愛が想起される。

神はわたしを大いに哀れと思し召した！（九六〇行）
「師よ、神はわたしを哀れと思し召した。
わたしは逃れて、この通りだ。」（九七九―八〇行）

隠者オグランはやがて繰り返す。

「もしも神のお力がなかったなら、
汝は恥ずべき死に方をしたであろう。」（二三八三―四行）

そしてマルク王にあてた手紙のなかで次のように言う。

「しかし神はわたしたちを大いに哀れと思し召し、
そこでわたしたちは神に深く感謝しました。」（二五八三―四行）

イズーを救出するために欠かせない、この奇蹟的な逃亡には、したがって神が介在している。〈得がたい助け〉ともいうべき衣服のおかげで、トリスタンはいかなる悪事もなさずに看守をまくことができたし、まもなく金髪のイズーを救いに行くこともできる[5]。血痕の付いた敷布の場面には神は介在しなかったことに注意してほしい。トリスタンは小人の悪事の裏をかこうと眠ったふりをしたが、狩りで負った傷に裏切られた。このとき神の判断は中立を守ったままだった。神が初めてトリスタンの逃亡に協力するのは、ようやく〈礼拝堂の逃避〉のときである。ル・ジャンティとヴィナヴェルはこのような〈矛盾〉の範囲と意味を明らかにしようとしたが、本論ではこれらを問う必要はない[6]。ここでは〈神の摂理による復讐〉がこの箇所にあるとするなら、それが具体的なものによってなされているということだけを確認しておけばよい。つまりトリスタンを救ったのがdrap（衣服）であるなら、王の寝所で恋人たちの破滅を急がせたのもまたdrap（敷布）であるということである。寝具という布に対して衣服という布がおこなう、すなわち「もの」に対して「もの」がおこなう復讐。ここではものと動作が問題なのである。もっともらしいかどうかが配慮されることはなく、〈ものごと〉のあいだで対話がなりたっている。登場人物の代弁者としての役を勤めるのはものごとである。これこそアレゴリー、もしくはヴァルヴァロのいう〈形象心理〉の始まりである[7]。

　モロワの森のエピソードにはもう一つ別の例がある。マルク王は眠っている恋人たちを発見したとき、二人を殺そうと腕を振り上げる。

もしも彼らを殺してしまったら、なんという不幸であったろう。（一九九四行）

〈お分かりのように、マルク王の剣が復讐の一撃をくれようとしたとき、彼の腕が突然止まってしまったのは、恋人たちが裸ではなかったからである〉とフラピエが述べているように(8)、二人の衣服は、清らかな友情の証しをマルク王に示し、二人の身体を隔てている剣を潔白のしるしとして正当化し、恋人たちを護った。このときからマルク王は二人のあいだに〈不倫の恋〉はなかったと信じる（二〇一三行）。イズーはシュミーズを、トリスタンは〈ズボン《ブレー》〉を付けていたことを、王は次のように考えたからである。

「もしも二人が道義に反して愛しあっているならば、
よもや衣服を着ていることなどあるまい。」（二〇〇七―八行）

はからずも彼らの潔白を示した「証拠」（二〇二〇行）には、さらに彼らのみじめな情況を語る肉体的外観が重ねられる。すなわち〈痩せた彼らのからだを覆うぼろは、彼らの苦痛を余すところなく語っている〉。衣服はマルク王の感情も理性も同時にゆがめてしまい、〈擁護されることのない人たち〉に対する憐憫の情でいっぱいになったマルク王は、ついに彼らを許してしまおうとする。二人の友情の清らかさを示すかのような見掛けを信じ、とうとう王は二人の潔白を認めようと決めてしまう(9)。隠蔽もするし顕示もする衣服は、恋人たちの知らぬ間に〈不倫の恋〉を隠し、王の眼前に妻と甥の苦悩を顕わし、そしてそれまでことごとく否定されてきた潔白を示すことになったのである。

　血痕の付いた敷布の場面とマルク王が訪れるモロワの森の場面、これら二つの場面を比べてみるなら、布がそれぞれの場で同じような役目を演じていることが分かる。つまり布は、大罪であれ潔白であれ、それらの触知できる証拠であるということである。いずれの場面でもマルク王は、フロサンあるいは森番という外部のある人間によって通告される。しかし結論を出し、決定するのは王自身である。血痕の敷布を発見し、怒りを爆発させた王がやがて森の木陰で、優しい同情の気持ちを抱くようになる。しかし王には態度を決すべく証拠の品が、すなわち最も広い意味での布（drap）、恋人たちの犯罪もしくは潔白を明らかにする布が必要である。このディテールは王の性格をたいそうよく示している。つまり本性優柔不断であり、私情と王権という相反する要請に従順で、甥に対する愛情と臣下に対する信頼の情とのあいだで、さながら万力に締められているかのようである王は、目の前にある事実だけに頼ろうと決めているかのようである。[10] そこで見掛けあるいは推測が、つまり、そうで「ある」ことよりもそうで「あるらしい」ということが極めて重要になってくる。ところで「あるらしい」という点については、織物あるいは布は覆い隠すと同時に保護し、美しくするかと思えば醜くもし、また隠す一方で顕わすから、これに匹敵するものはない。詩人には現実の日常世界から単純で普通のものが一つ、ただし形象の潜在能力を詩人が生かせるものが一つ必要であった。布というものほど一見して中性的で月並なものはない。しかしここには、かたちある現実の背後に自由に処分できる機能という重要な第四次元がある。

森のなかを流謫するあいだ、トリスタンとイズーは互いに抗し難く惹かれ合っていたから、不幸な境遇を克服することができた。しかし恋人たちは健康を損う……

> 二人はさまざまな苦難と苦痛を耐えた。（一六三八行）
> やつれてしまったが、彼らにはどうにもならない。
> 枝に裂かれ、衣服《ドラ》は破れる。（一六四六―七行）

三年が過ぎ去り、媚薬の効果がきれたとき、最初に自分たちの哀れな情況に思いが至ったのはトリスタンであった。引き裂かれ破れた服を前に彼は、伯父の宮廷にいれば着ることのできた豪華な毛皮の衣裳のことを思わずにはいられない。

> 「ヴェールもグリも、すべてをわたしは失った。
> 騎士たちと宮廷に集うこともない。」（二一六八―九行）

自分たちに贅を尽くした衣裳がないことをトリスタンは嘆いているのではない。そんなものは実は騎士としての生活の、あるいは騎士という理想的な人間の外的なしるしにすぎない。自分こそは理想的な人間であると感じていたトリスタンであるのに、事件の不都合な成行きによって、彼はその資格を失ったようにみえる。一方イズーもやがて同じ懐旧の念にとりつかれ、トリスタンは悲痛の叫びをあげる。

「つらい道に彼女を入らせてしまったのはわたしゆえ。」（二一八四行）

自分ゆえに、自分がル・モロルトに勝利したがゆえに、船上で喉の渇きを自分が覚えたがゆえに、自分が彼女に芽生えさせた愛のゆえに、イズーは〈自然に反した〉生き方をするよう断罪されたのだとトリスタンは考える。自責の念、後悔の念、新たな切望は、地位剥奪のシンボルである彼らの現在の服装と、彼らが願う名誉回復のシンボルであるかつての服装との対比によっていわば具体化されている。マルク王が訪れたとき恋人たちを救ったぼろ着は、今や耐え難く、止むことのない自責の念の源泉となる。「もの」に対する「もの」による新たな復讐、すなわち救いの手を差し伸べたぼろ着に対する、裏切り者のぼろ着による復讐。見掛けの潔白に対する、現実の後悔の束の間の勝利。

隠者オグランは恋人たちが危険な情況にあることをよく理解していた。〈離別の義務〉すなわち別離の方針がいったん認められれば、イズーを夫の庇護のもとに帰す方策を見つけることほど易しいことはないようにみえる。つまり夫のもとから連れ出されたときの状態を彼女に取り戻させればよいのである。[11] そこで人の好い隠者は、彼女がお城に戻るとき〈王妃として〉ふさわしい敬意が払われるよう、贅を尽くした衣裳を求めに出かけていく。

「恥辱を取り払い、悪事を覆い隠すには
少しばかり上手に嘘もつかねばならぬ。」（二二三五三―四行）

ここで隠す（couvrir）が嘘をつく（mentir）と韻を踏んでいるのは、偶然の結果にすぎないのだろうか？ オグランによればイズーの名誉回復を容易にするのは、イズーを〈覆い隠す〉こと、イズーに豪華な晴れ着を着せることである。ル・ジャンティが言うように、モロワの森の痕跡を永遠に消し去るためにオグランは〈嘘の片棒をかつぐことを引き受けた。マルク王の疑いと恨みを晴らすにはこれしかないと彼の目には映ったからである〉[12]。ところで今度はこのオグランの嘘、「不可抗力の罪」に具体的な表現が必要である。王妃の〈衣裳《ドラ》〉はふたたび隠蔽する布となり、かつ救いの手を差し伸べる布となる。不透明な嘘にはあふれるほどの衣裳しか匹敵するものはない。そこでベルールは十二行を費やして（二七三三―四四行）聖者の買い物をこと細かに語って楽しむ[13]。作者によればオグランが出費に不満を表わすことは決してない。

衣裳いっさいを買った隠者オグランに
高額の支払いの後悔はなかった。（二八八五―六行）

豪華に身を装った王妃は以後〈貴族社会の貴顕〉らのあいだに地位を取り戻すが、一方で宮廷を追放

されるトリスタンは、

　　金も銀も、ヴェールもグリも　（二九二二行）

辞退する。作者や読者や民衆の共感がどうであろうと、人びとの目には彼は相変わらず裏切り者の、さまよえる騎士のままである。ベルールはトリスタンとイズーの別離までをこのように具体的に表わし、それによって彼らが再会することはもうありえないという印象を強めている。彼らはいずれも〈離別の義務〉の刻印を押されているが、心だけはいかなる装飾物も許容することはないから、モロワの森にいたときのままである。つまりいっさいの隠蔽は情熱の炎になめ尽くされ、心は次々と暴露されていく。媚薬は単なる〈愛の衣装《コスチューム》〉などではないし、恋人たちの共同幻想でもない。媚薬は恋人たちの存在を最も深い存在に変えたのだから。[14]

王妃凱旋のとき通りは飾られ、詩人と歓びを分かち合う民衆の一群は次のようである。

　　イズーに会えると人々は大喜び、
　　彼女のためになろうと一生懸命だった。
　　というのも、お聞きなされ、
　　絹布《パイユ》を吊さぬ通りは一つとしてなく、
　　絹布のない者は掛け布《クルティヌ》を垂らしたのだから。　（二九六五—九行）

街路と建物の装飾には王妃の寄進物が対をなす。たいそう美しい絹織物は〈和解〉の明白なる証しである。

> 金銀刺繍の豪奢な絹布《パイユ》
> （このような品を、これまで伯も王も持ったことはない）　（二九八七—八行）

王と王妃の和解には、このように相互に寛大であるというシンボルが引き合いに出されねばならぬかのようであるが、言及があるように、これらの布から典礼服や高価なカズラがつくられるのだろう。詩人は〈和解〉の儀式自体よりもこの寄進物の詳細にいっそうこだわりを見せている。前者がやっと十二行であるのに対し、後者には十八行を費やしているからである。そのうえベルールは寵愛をとりもどすためのこの帰還について、証拠となる資料を読者に提示しようとまでしている。つまりマルク王とイズーが寛容にも縒りをもどしたことを確認したあの典礼服、あのカズラが今でも存在するという。

> それはサン・サンソンに今でもあると、
> 見たことのある人たちは言う。　（二九九四—五行）

ここでもまた内的な意思は、布あるいは衣服という可視的な「サイン」によって表わされており、詩人はほかの方法に頼ろうとはおもわない。このような顕示の機能により布は物語の筋を前進させることに寄与する。布はドラマというキャンヴァスに現実という確かな厚みを加え、そこで、あたかもマルク王とイズーがカズラをまとい親愛の情を取り戻したかのように、ことが運ぶのである。

衣服がもっとも多くの役目を担って登場するのが、難所の渡しのエピソードであることは間違いない。トリスタンは疑われないようにレプラ病みの着るような古着をまとい、イズーは沼地を渡るのにきれいな衣裳を汚さないようこの〈病人〉を呼ばざるをえない。一方にはトリスタンのぞっとするようななりがあり、一方には王妃の優雅な身繕ろいがある。イズーは汚れることを恐れねばならないから、念を入れた服装でなければならなかったし、トリスタンはイズーを背に負わねばならないから、見とがめられないように変装しなければならなかった。

王妃は絹地をまとっていたが、
それはバグダッドから到来したものだった。　（三九〇三―四行）

したがって王妃の次のような現実的な物言いは褒められてよい。

「服《ドラ》が汚れるのはこまるわ。」　（三九一七行）

王妃はそこで泥沼を渡るために、乞食の助けに頼ろうと思う。

「わたしをそっと渡し板の上を運んで、
ろばの役目を果たしておくれ。」（三九一八―九行）

トリスタンはすっかり〈病人〉の様子《アパランス》である。

彼は誰よりも病人のようにみえる。（三五七四行）

イズーはたいそう真面目くさって彼を扱い（三九六五行以下）、意地の悪い歓びを感じている。逆に見物人には、とりわけマルク王と諸侯には、男におぶわれて沼地を渡る妃の様子が誓約の真面目さとはひどくかけ離れた愉快な幕間狂言と映っている。これは「見掛け《アパランス》」にすぎないが、しかしこれもまた、曖昧な誓約に都合の好い、かつ上辺だけとはいえ本当らしさを生みだすにはこれしかない必要な見掛けである。イズーは沼地という明らかな袋小路をつくりだすことにより、誓約という現実の袋小路から抜け出すが、このように見掛けが行き違うところで服装《コスチューム》は優れてドラマチックな役割を演じる。[15]

先に進もう。王夫妻の和解が絹のカズラによって証明されたのとちょうど同じように、王妃がマルク王へ誠実を誓うときに必要な聖遺物匣は、絹の敷物の上に置かれている。

色の濃い《ビス》パイユの絹の布地が
王の天幕の前に敷かれた。（四一二六―七行）

この布に関する説明は五行あり（四一二五―九行）、布の存在は聖遺物匣のリストの前後で二回言及されている（四一二五と四一三五行）が、問題なのはその詳細だけではない。作者の興味は王妃が誓約をするときの〈聖遺物匣〉にあるのではなく、〈緑の草の上に〉敷かれた豪華な敷物にあるように思えるからである。ベルールにとって「もの」は意味作用のうえですべて同じ価値をもっているのではない。〈ニケアで購入された〉この美しい布地は誓約の場面において引き立て役をかっているように見える。そのおかげでシルエットがはっきりと浮かぶからである。雲は散り、もはや霜の跡はない。

一時課の頃、陽は強くなり、
霧も晴れ、霜も消えた。（四一一九―二〇行）

やがてもう一つ別の布が、別のシルエットを引き立たせることになる。それは裏切り者の家臣ゴドイーヌを見破り、死に至らしめる〈カーテン《クルティヌ》の布〉である。窓にかかるカーテンのおかげで二人には彼の頭が妃の部屋の一方に影になって見えたのである（四四二八―九行）。

顕示と隠蔽の役目のほかに、さらに儀式的機能を衣服に与えることは行き過ぎであろうか？　マルク王の妻が王妃として行動する三度の特殊な典礼は、筋のうえで三つのクライマックスに対応している。死刑台〈火刑台〉への行進、関係修復〈和解〉の場面、そして誓約〈証明〉の儀式、これら三つはもっとも重要な場面であり、王妃は王権の標章を身に帯び、絢爛豪華な典礼が繰り広げられる[16]。火刑台に向かう彼女は一身に光りを浴びる。彼女が罪を犯したのは王妃としてであり、彼女が破滅するのも王妃としてである。しかし一方で若い王妃の美しさを、彼女を待っている恐ろしい運命と対比させることにより、詩人は悲壮味あふれる効果を引き出している。

よほど非情なひとでなければ
王妃の顔と姿に哀れみを
催さずにはいられまい。（一一五一―三行）

この細心の描写は、やがて現われる醜いレプラ病みと対比させるための伏線でもある。

着物は俺たちの皮膚にはりついている。
イズーがヴェールやグリをまとい、
宴を楽しみ、敬われるのも、あんたとおればこそ。（一一九八―二〇〇行）

〈和解〉の場面でイズーが〈外套〉を脱ぐのを手伝い、彼女の美しさを人びとに知らしめるのは忠臣ディナスであるが、ここでは衣服が衣服をあからさまにする。王妃として登場したばかりのイズーがその華麗さのなかで、自分に有利なように諸侯の意見をくつがえすことはできるのだろうか？　依然として不安定な運命にあるトリスタンは、自分に都合よく結論を出してくれればよいと思っているが、彼の方から許しを求め、マルク王の臣下としての地位に戻ることはあるのだろうか？

　最後は難所の渡しのエピソードのなか、この場にふさわしい細密画といえる九行（三九〇三―一一行）である。イズーの繊細でか弱そうな肖像が描かれているが、やがて、愚直きわまりなく怒りっぽい亭主のように復讐に思いを巡らすことに余念のない諸侯をもてあそぶのも、同じ女性である。晴れ着姿のこの王妃は、もっとも厳格な形式にのっとり、このうえなく真面目な様子で、厳かに、人びとの安心しきった表情の前で宣誓する。乞食に身をやつした、かつてのル・モロルトの勝者に向かい合った彼女には、王位の〈衣裳《ドラ》〉はたいそう重かったに違いない。死刑台におもむくイズーはひどく簡単な装いだった。

　　濃い色《ピス》の絹《パイユ》のブリオーを、
　　金糸で細かく縫い、
　　身にぴたりとまとっていた。（一一四六―八行）

ラ・フォンテーヌの寓話「乳しぼりの女と牛乳壺」のペレットのようである。

薄い短い服を着て、大股で歩いていった、
その日は、すばしこく動けるように、
飾り気のないスカートに、平たい靴をはいて。

関係修復の場のイズーは隠者オグランの配慮により豪奢な衣服に恵まれた。二八八〇―八行で彼女の装いは心を込めて詳細に読者に語られ、布地の豊かさ、美しさ、豪華さが強調されている（〈豪華〉という言葉は七行のなかに三度繰り返される）。〈外套〉の下に彼女は〈マント〉や〈チュニック〉を着け、または一一四六―五三行のように〈絹地のたっぷりしたブリオー〉を着けている。宣誓の支度をするイズーはいっそう優美な趣味を示している。つまりアーミンの毛皮の付いた絹地の衣裳はモン・サン・ミッシェルで購入されたのではなく、バグダッドからもたらされたものである。彼女は想像上の遠い東洋の趣にすっかり包まれているかのようである。髪形はとくに優雅である。

髪は両肩の上に、
金糸でまっすぐに編まれていた。（三九〇七―八行）

それぞれの場面で王妃が異なった服装をしているのは、三つの場面を三つの異なった雰囲気に対応させるためである。火刑台のエピソードで悲劇は最高潮に達し、王妃のつつましい優美さが彼女への憐憫の情を盛り上げる。逆に衣服の重さと豪華さは〈和解〉を記録する場にいっそうの厳かさを授ける。そして最後のエピソードにおける洗練された装いは、誓約を〈隠蔽する〉ことばの巧妙さと対になっている。芝居のような技巧は衣服の形象価値と不可分ではない。

以上のことからなにを結論としたらよいのだろうか？　至極単純に結論すれば、事物の詩人ベルールにあってはことの筋道が帰すところは「もの」であり動作である、なぜならそれらによって感情と理性の戯れが外在化するからである。ベルールはものを創造し、彼に代わってものに語らせ、ものの背後に消えてしまう。マルク王の怒りと同情を語ったのは「もの」である。難所の渡しで泥にはまった諸侯をあざ笑うのも「もの」である。嫉妬深い男に正しいと決めさせたのは王の寝所の敷布である。恋人たちの窮境を訴えたのはぼろ着である。許しを請う王妃の美しさを歌ったのはバグダッドの絹地である。〈病人の服〉はイズーの考えついた窮余の策の役に立つ。王妃の衣裳はトリスタンとの共謀関係を示す。衣服にはきわめて人間的な意思と行動が備わっている。つまり王の寝室で恋人たちを裏切った布という不実な布があり、トリスタンを火刑台から救った布という救いを差し伸べる布がある。森のなかで眠る恋人たちを護った布という沈黙の、ゆえに曖昧な布がある。詩人が拒む登場人物の心理の分析を、衣服はみずから引き受ける。ベルールは魂の状態をずばり言うことがないように充分に気を付けている。彼は小説家としての権限を「もの」に託そうとする。彼は詩をつくる権利をものに代理させる。さらに、ものは行為の至高の証しとなる。したがって詩の深い意味をとらえるには「もの」に問わねばならない。媚薬が、トリスタンとイズーの〈不倫〉と何物も別つことのできぬ彼らの関係、それに彼らの自発的な別離のいっさいを我々に了解させる。したがってベルールにその矛盾と不調和とを弁明するように求めるのはよそう。ものだけがそれらを説明できるのである。ものに聞いてみることができなければならない。どのような特殊な意味も「先験的に」事物に結び付いている、ということはない。つまりこのような衣服はこのような態度を〈意味する〉と言うことはできない。ゆえにヴァルヴァロはベルールのイメージにシンボルということばを当てることを拒んでいる。彼は〈形象のエムブレム〉という言葉の方を好む。というのはそれらの機能は〈とりなし人〉という以上に、人物の内的生活のある部分を偏光させ、外在化させることにあるからである[17]。

衣服は我々に不透明な存在として投げ出される。それから少しずつ物語が進んでいくに従い、半影のなかに沈んだままだが、豊かな多義的なその声を我々に明らかにしていくようになる。

註

（1） 本稿について御教示と激励を賜わったウジェーヌ・ヴィナヴェル Eugène Vinaver 氏に御礼申しあげる。

（2） ここではドゥフルク L.M.Defourques 改訂によるミュレ E.Muret 版（4e éd., Paris, 1962）をテクストに用いる。

（3） ジョナン P. Jonain によれば、この点についてニコル S. Nichols が次のように指摘しているという。結局トリスタンとイズーは「行為中」に捕われたわけではないから、これは〈推測された現行犯〉でしかない。とはいえ結果は同じである。つまり全精力が集中されているから、恋人たちを断罪するには、もはやぜんまいを緩めさえすればよい（S. Nichols, «Critica moralizante y literatura medieval…,» *Annuario de estudios medievales*, t.II, 1965）。

（4） ヴァルヴァロ A.Varvaro（*Il «Roman de Tristan» di Béroul*, Turin, 1963, p.214）の指摘のように確かに

血はこの情景で重要な位置を占めている。〈血〉という名詞とその派生語が四行のなかに五回まで繰り返されている（七三一―五行）通りである。〈その部屋にはただ血しかないようである。この劇的な存在がいっさいを覆いつくしてしまう。〉しかしベルールがトリスタンに長いこと赤い血をながさせるのは、それを引き立たせる役を果たすはずの白い敷布（七六八行）との対照を準備するためではなかったか？　色彩の対照は証拠品の確かなことを強調する。トリスタンの血はそれほど大事ではない、むしろ大事なのは敷布である。なぜなら王の寝床の敷布だからであり、テクストが後に暗示するのもこのような敷布についてである。

（5）　ここでル・ジャンティ P. Le Gentil の重要な論考（«La légende de Tristan vue par Béroul et Thomas. Essai d'interprétation», *Romance Philologie*, t. VII, 1953/54, p.113）を引用しなければならない。〈ベルールの語りでは神がいたるところに現われる。神はいつも恋人たちを助けにくるが、といっても姦通に同意することは決してない。いたるところで同じ不安の思いが、そのときの対応を神に共有させることによって安らぎを得ようとしている、ということ以外になにがありえようか？〉

（6）　次を参照。P. Le Gentil, «L'épisode du Morois et la signification du *Tristan* de Béroul», *Studia philologica et litteraria in honorem L. Spitzer*, Berne, 1958, pp.267-274 ; E. Vinaver, *Discours de réception à l'Académie Royale de Langue et de littérature françaises*, Bruxelles, 1961, pp.13-26

（7）　Varvaro, *op. cit.*, p.209

（8）　次を参照。J. Frappier, «Structure et sens du *Tristan*», *Cahiers de Civilisation médiévale*, t.VI, 1963, p.271

（9）　ル・ジャンティ（前掲書 p. 270）は、手袋の詳細に（二〇三九―四二行）〈よく知られている授封と契約の儀式〉を認めるだけでなく、さらに気遣いのしるしを認める。つまり、もしイズーが夫である王のもとに同意して戻るのであれば、愛情は彼女にすっかり戻されるはずであるということの前触れを認めている。

（10）　マルク王の躊躇については三九六五行以下を参照。

（11）　ここでジロドゥの『トロイア戦争は起こらない』に触れることを許されたい。メネラオス王へのエレーヌの返還は、マルク王へのイズーの返還ほど難しいことではない。つまりエレーヌはギリシャの海岸で裸でさらわれたのだから、同じ条件で彼女を戻せばよい。誘拐それ自体は戦争の原因ではなく、体面を保てるかどうかにすべてがある。エクトールが言うように〈汚されたのは身体のみであり、このことは取るに足らぬことである〉。（一幕四景）同様にして、消えた王妃と見つかった王妃が完全に一致するように、イズーは王家の威厳に満ちて宮廷に帰還する必要がある。

(12) Le Gentil, *op. cit.*, p. 273

(13) このエピソードでベルールが登場させているオグランは、神の掟を封建的要請と情念の抗しがたい力とに調和させようと努める代理人のようである。オグランは詩人の化身であり、詩人の感情と詩情の投影のようである。すなわち恋人たちに同じように共感し、外観に同じように配慮し、行動を進めさせるために同じ「もの」を使用する。やがてモンで求める織物が顕示の力をもつことをオグランが了解していることは、ベルールが織物の形象の力を了解していることと同じである。

(14) 媚薬の効果の〈弱化〉の理屈はあまり満足できるものではない。詩人は物語展開のばねが必要なために、情念のシンボルという本来の純粋さを犠牲にしてしまったのだろうか？ フラピエは〈不手際な方策〉であると語っている（前掲書 p.273）。おそらくヴィナヴェルのように、この変化には恋人たちの心情と精神に幻想が起こったと見るべきである（《The Love Potion in the Primitive *Tristan* Romance》, *Studies... G. Schoepperle Loomis*, Paris-New York, 1927, pp.75-86）。

(15) 難所の渡しにおける諸侯の懲らしめの挿話では、衣服がさらに悲喜劇的役割を果たしていると付け加えることができるだろう。泥にはまり汚れた諸侯は、公衆の面前で（三八六三行〈衆人監視の中〉）服を脱がなければならず、滑稽なことになる（三八六四行〈着ていた衣服を脱ぎ捨て、別のを着込む〉）。これはトリスタンの復讐である。ル・モロルトに向かってあえて武器を持とうとしなかったものたちが（一三八行）、今は武器を置かねばならない。卑怯さのゆえではない、泥で汚してしまったから。

(16) これらの三つの王家の儀式についてはミュレ版一一四六―五三行、二八八〇―八行、三九〇三―一一行を参照。

（17）　Varvaro, *op.cit.*, p. 214

編者あとがき

フランスにおける衣服研究

アナール学派の紹介とともに衣服の史的調査が日の目を見てから久しくなるが、フランスでの服飾研究は意外にも日本に紹介されていない。フランスでは一九八〇年代から時代を区切った詳細な服飾研究が、論文はもちろん著作としても少なからず世に出ている。にもかかわらず、これらのなかで邦訳されたのは十九世紀に関するフィリップ・ペローの著作くらいである（邦訳『衣服のアルケオロジー』文化出版局　一九八五年）。これまでにない学問領域として興味を引かれながらも、やはりとり残された感のある服飾研究を紹介し、その面白さを知ってもらうことが本書の目的である。

フランス歴史学における中世史の伝統のためであろうか、服飾史研究は中世に関するものが圧倒的に多い。本書が中世に関する論考で成り立っているのは、たまたま編者の専門が中世であったという理由ばかりではない。そもそも服飾史という学問はロマン主義の中世趣味のなかで起こっており（拙著『服飾の中世』第三部　勁草書房　一九九五年を参照）、一世紀以上にわたって服飾史研究をリードしてきたのはやはり中世史なのである。今日では、中世文明を対象とした学術誌のなかに服飾をテーマとした特集号を組むものもあらわれ、中世史にあっては服飾研究が確かな位置を占めている。もちろんその他の時代についても調査が進んでいないわけではない。たとえば十七・十八世紀については、パリ第一大学に提出された二五編以上の修士論文の成果が盛り込まれたダニエル・ロシュによる大著（D. Roche, *La culture des apparences -Une histoire du vêtement*, Fayard, 1989）がある。十八・十九世紀については上に触れたペローが続編の著作を出しているし、二十世紀についてはこれまでの服飾史の空白を埋めるように、第二次大戦中のドイツ軍占領下のパリにおけるモードを扱ったドミニク・ヴェイオンの著作（D. Veillon, *La mode sous l'Occupation*, Payot, 1990）がある。なぜか十六世紀については研究が欠けているのだが、その他の時代についてはこの二十年ほどのあいだにめざましく調査がすすんだ。一方、衣服の領域を包含する身体性に関わる研究、たとえばジョルジュ・ヴィガレロの清潔感の歴史（邦訳『清潔になる〈私〉——身体管理の文化史』同文舘出版　一九九四年）、ジャン・クロード・ボローニュの『羞恥の歴史』（筑摩書房　一九九四年）などの著作は邦訳が実現し、広く知られるようになった。わが国の美術館では、この十年ほどでオートクチュールや現代モードに関連した展覧会が驚くほどに増え、常時どこかしらで服飾に関する展覧会が開かれるまでになった。現代ファッションはもとより、歴史のなかの服飾によせる関心がこれまでになく盛り上がっている昨今である。にもかかわらずフランスにおける衣服の史的研究についてはほとんど紹介されておらず、しかもアナール学派の中心に位置するというべき本書の著者らの中世の調査はほとんど知られていない。本書の編集を企画したのはこのような事情による。

　本書に収めた七編のなかには、アナール学派の拠点であるパリ社会科学高等研究院で活動する研究者の論考のほかに、すでに紹介され広く知られたミシェル・パストゥロー氏の色彩に関する一編が含まれ、また今では十六世紀文学者として高名なフランソワ・リゴロ氏が若い頃に執筆した中世文学の解釈に関する異色の論文が含まれている。各編いずれも重要な論文であるという編者の判断に基づくことは言うまでもないが、一見して統一を欠くともおもわれる、このような組み合わせになったのはなぜかについては編者の少なからぬ思いがある。論考の著者を紹介しながらこの点について述べておきたい。

着衣の文化の解きかた

中世についての研究から七編の論考を選ぶにあたって考慮したことは、西洋中世に独特の服飾習慣の面白さを示すことであったが、同時に、着衣の文化を調べるにはいかにさまざまな方法があり得るか、その結果いかに多方面のテーマに発展しうるのか、つまり方法とテーマの多様性を示すことであった。

このように思うのは、服飾の領域が学問分野のなかで多少とも地位を認められるようになったとはいえ、服飾研究とはなにかを納得してもらうために全精力を使い果たして語らねばならぬ機会が、編者には少なくないからである。たとえば絵画なり小説なりの当該の時代の服装は現実にどうであったのかと尋ねられることがよくある。ところが残念ながら、教えてあげたいのは山々であるが、これがそう簡単なことではない、という弁明に始まって結局は教えられないということがほとんどである。もちろん編者の能力の欠如とこれまでの服飾史の業績の不足によるのであるが、弁解をしたくなる大事な問題が一つある。それは要するに我々服飾史家も、とくに実物資料に事欠く中世などという時代については絵画や文学作品を通して服飾を調べようとしているのであって、むしろこちらこそ美術史や文学の専門家に尋ねてみたいのである。

そもそも現実の服飾、あるいは事実としての服飾とはいったいなんだろうか？　我々が生活のなかで毎日着たり見たりしている服装、これはたしかに今日の服装の事実にはちがいないが、では我々は今日の服装をよく知っているのかといえば、そんなことはない。たとえば製作の過程であるとか布地の名前であるとか、そのような技術的なことを語ることができる人はどのくらいいるだろうか。あるいは現代モードの今日的意味はなにかと問われて即座に語ることのできる人は果たしているだろうか。常日頃目にし、自身衣服をまとっているから、わかっているつもりではいるが、実は自分の着ている衣服でさえ語るのは難しい。それを見たこともない歴史のなかで語らねばならないのだから、服飾史はおもうほどやさしくはない。その時代に残された絵画や文学やその他種々の記録から我々は断片として時代の服装のあり方や技術を知り、そしてそれぞれの文脈のなかで意味を知ろうと努力する。このような調査の積み重ねから時代の服装の詳細がわかり、やがてモードの意味が構築されるのだろうが、これを達成するのは容易なことではない。

もちろん、現実の服装がどうであったかと尋ねられたとき、質問者がなにを言いたいのかはよくわかるし、そのような意味での服飾の事実の調査をなおざりにしてよいとはおもっていない。ところで本書に収めた論考のうち、この事実の確定にこだわっているのがフランソワーズ・ピポニエ氏の論考である。死亡時に故人の所持した衣類のリストを作成する習わしは、中世にはあらゆる階層にわたって存在したらしい。財産目録というそのような古文書から時代の服装を割り出す、という考古学者《アルケオログ》としての作業が氏の立場であり、すでに古いことばになったが、物質文化の一つとして衣服をとらえるという仕事である。中世の人びとはいったいどんな下着を着けていたのかは、目に触れにくい衣類であるだけに興味が引かれるが、下着の実態を割り出すには御覧のような調査の積み重ねを必要とする。所持数や品質における階層間の違いがはっきりとした数字で出てくるところは説得力があるが、しかし事実の確定がいかに難しいかは、都市と農村と宮廷の服装のあり方を述べた二つ目の論考がよく示している。中世服飾をまんべんなく解説した総説になっているが、都市部と農村部の民衆の比較とか、市民とそこから徴用される宮廷の下級官吏との比較とか、一歩立ち入ろうとするとたちまち困難に突き当たることが、そこかしこに示されている。一方ペリーヌ・マーヌ氏はもっぱら写本挿絵や彫像などの図像資料を使い、仕事着の実態を追及しているが、立場はピポニエ氏と同じであり、図像の脚色に欺かれることがないよう注意しながら事実を確定するという態度である。

　絵画や文学のなかの服飾について質問を受けて答えに窮するのは、現代と同じように変化に富む服装の描写の一々について服飾史としても、とても知識が追い付かないということだが、もう一つの理由は次のようなことである。作品のなかの服飾はその文脈のなかで考えなければならないから、服飾だけを取り出して注釈するわけにはいかないということである。いかなる作家も人物の服飾を描くときには多かれ少なかれ意味をもたせるのは当然である。どのような意味のためにどのような脚色があるのか、これを解くことから衣服の意味が浮かび上がり、ここから時代の着衣の一つの意味が理解される。この場合、調査は絵画論になり文学論になるかもしれない。そのような研究の典型的な例が、本書ではフランソワ・リゴロ氏によるトリスタン物語に関する論考であるといえる。論考は明らかに文学論であるが、しかし中世社会で衣服の担った意味を実に明快に証し、そればかりか結果として顕示と隠蔽という衣服のもっとも基本的な機能を明らかにした見事な衣服論になっている。ピポニエ氏らの調査とは好対照をなす論考であるが、衣服の文化を知るにはこのような分析も不可欠である。

上記二つの論考を両極端とするなら、その中間にあるのがダニエル・アレクサンドル－ビドン氏による子ども服についての論考である。ヨーロッパの絵画などで少なからず出会うぐるぐる巻きになった赤ん坊の姿については、獣のように四つ足で這い回ることを西欧人は嫌がったからとか、野良仕事のあいだ狼に襲われないように赤ん坊を柱の杭にひっかけておくのに都合がよかったからとか、さまざまなことが言われてきたが、この論文で初めてその理由がわかる。歩行前の赤ん坊を紐で巻くのは、なによりも体型整形のためであったことは読者にとって新鮮な発見であるはずで、五体満足に生き延びる可能性の小さい中世の現実がよく伝わってくる。子ども服といえばフィリップ・アリエスの『子供の誕生』が有名であるが、子どもはさしずめ小さな大人のように服を着る、つまり中世には子ども独自の服はなかったとするアリエスに対し、氏は年齢による微妙な着分けが存在することを主張している。必ずしも明快ではない写本挿絵の性格の故に難解な部分が残ったものの、子ども服の実態と子どもに対する意識を文献と図像の両者の資料を駆使し、明らかにした点で貴重な論考である。

同じく文献と図像の両資料を扱いながらも民俗学（あるいは人類学）と接する点で、ピエール・ビュロー氏のズボンをめぐる論考は別の局面をみせている。「キュロットをはく」という言い回しは、家庭の采配権を握るという意味で今日でも使われる表現であるが、これが中世までさかのぼり、しかも既にズボンが男のシンボルとして定着しているという事実には驚く。問題になっている中世のズボンは、ブレーと呼ばれた下着のズボンであり、その上にワンピース形の長い衣を女性と同じように着る時代であったから、ブレーは女の決して着ることのない男だけの唯一の服であった。その服を着たがる女とは男の家長権をおびやかす性悪の女である、という発想は中世文学の主要な思想の一つといってもよい女性蔑視《ミゾジニィ》に明らかに根差している。ビュロー氏の論考は、ズボンをはくという言い回しをめぐってジェンダーの問題を提示している点が面白いが、さらに図像の伝統を調べながら意外な展開をする。ズボンを奪い合う夫婦の図はもちろん言い回しの図像化であるが、実は男たちの力試しの遊びをモデルにしており、さらに民俗的な行事にも重なる。そして、ズボン争奪という夫婦喧嘩の図は実は教会の聖職者席にこっそりと彫られており、宗教と世俗のこの奇妙な混じり方は、聖職者の説教にも、写本の頁のなかにもあり、中世文明の一つの特徴であるという。すでに衣服の調査を超えているが、調査の発端に衣服の問題があったことは、衣服研究の可能性を展望する上で重要である。

　衣服がいかに製作され着用されたかという問題と、その着衣が文化と社会のなかでどのような意味をもったかという問題の二つの側面について示唆多いのは、実はミシェル・パストゥロー氏の色彩についての論考である。衣服には必ず色があり、その色が社会のなかでコードとしてさまざまに機能するからである。しかし歴史のなかの色を考えることほど厄介なことはない。大雑把な概念を表わす色名だけでは色のニュアンスを区別することは不可能だからである。パストゥロー氏は、同じ青ということばで呼ばれるにしても、王衣の濃く鮮やかな青と農民服の褪せた青とでは大違いであると、色調の違いという微妙な問題に注目する。そして色調の違いを生むのは染料や媒染剤の種類であり、すなわちそれらの価格によって価値が決まるとする。高価な染料の故に価値を増した色彩は、おのずと豊かなシンボリズムを育み、それによって再び染色技術の進歩が促される。こうして十三世紀には青が、十五世紀には黒が、物質的な価値と豊かな象徴性のゆえにいわば流行色となったのであるが、残念ながら本論では具体的な論証はない。最後に触れられているとおり黒の好尚はその後、西欧の歴史のなかで生き続ける。実は今日に事務機器が黒や灰色など無彩色であることが多いのは、この系譜にあるためで、氏の色の歴史は我々の生活を知る上でも欠かせない。

生活風景から想像世界まで

人間はどんな場合にも衣服をまとって生きている。したがって着衣を知ることは、物質的な意味でも精神的な意味でも人間の生活のいっさいを知ることにつながる。本書はわずか七編の論考を収めただけであるが、各々に付したテーマが示すように生活のさまざまな領域におよび、中世の人びとの日々の暮らしと想いを伝えてくる。中世の子どもはどのように育てられたのか。子どもを紐で巻くのは、もちろんボタン掛けの習慣が普及していない時代のためであるが、そこには子どもに対する親のどのような気持ちが働いていたのか。蒸発したり樽に吸収されたりして減ってしまった葡萄酒を樽に補う作業、麦の穂を打ち、もみがらを飛ばす脱穀の作業、あるいは豚の屠殺など、農村ではどんな作業にどんな恰好でのぞんだのか。一方、都市部にはどんな職人が働いていたのか。そして、こうした社会階層の底辺部から宮廷の王侯貴族にいたるまで、服装規範はどう違ったのか。手拭きやナプキンなど食事と台所に関わる布、また敷布や下着など、麻と亜麻の布類はどれほど所持されていたのか。どんなに貧しい家でも敷布だけは欠くことはなかった、というピポニエ氏の指摘の事実は、おそらく未だ寝間着が存在せず、裸で寝る習慣であったことと関係するのだろう。

以上のような生活風景のなかに現われる「もの」としての衣服、その衣服はおのずとシンボリックな意味を担う。社会のなかで色や素材が階層のコードとなることもその一つであり、ブレーが男のシンボルとなることもその例である。あるいはシュミーズを後ろ前に着ると小鬼《リュタン》から護られるとか、教会のミサのあいだこっそりと祭壇に置かれたシュミーズを夫に着せれば夫は優しくなる、というような迷信についても同じことである。つまり衣服はひとの意識や感情あるいは想像の世界に入り込み、ここに着衣の文化は厚みを増す。生活風景から想像世界まで、一つの衣服をめぐる重層的な世界は、本書ではたとえばシュミーズやブレーという下着に注目してみればよい。ピポニエ氏によればブルゴーニュ地方の民衆は敷布や手拭いなどに混じって一着から四着のシュミーズを所持している。男物と女物との区別があるようだが、シュミーズは男女ともに着られる。一方、下着のズボンはブレーということばのほか、「男物の衣類」という表現で所持目録に頻出し、この表現はまさしくズボンが男のシンボルとなることを予測させる。マーヌ氏によれば麦を打ち脱穀の作業をする農夫たちの典型的な姿は、ブレーをはいた裸の姿である。ズボンはそこでビュロー氏が述べるように、男の家長権のしるしとなり、妻が欲しがるものとなる。夫婦のズボン争奪戦は笑話になり、その様は教会の聖職者席に彫られ、ズボンをはいた性悪の女は僧の説教に登場する。一方、リゴロ氏は文学作品のある場面に記されたシュミーズとブレーの意味を解く。モロワの森に逃げた恋人たちはある日マルク王に発見されてしまうが、トリスタンはブレーを、イズーはシュミーズを着けて寝ていた。着衣の二人を見た王は、彼らの潔白を急に信じてしまうばかりか、哀れみさえ感じてしまう。シュミーズとブレーはマルク王の憎悪を一瞬にして溶解させ、一方トリスタンとイズーはおかげで命拾いをする。些細な下着の記述が物語の展開を決め、すなわちシュミーズとブレーは文学的想像力に一役買っている。卑近な生活必需品だからこそ、衣服にはひとの感情や想像力に介入する面白さがある。そして、もののレヴェルから迷信や文学のレヴェルまで知ることによって、初めて衣服は今日に生き生きと蘇る。

最後に衣服のことばというレヴェルで、論考の興味について、また注意したい点について触れておこう。今日では使うことが少なくなったとはいえ、シュミーズということばは女性の肌着を表す日本語になっているが、この外来語の起源がここに述べた中世の男女の下着にあることはいうまでもない。つまり本書に述べた世界は、洋服を着ている我々にとって無縁の世界なのではない。コットということばは、英語から日本語になったコートということばの古いかたちであるということがわかれば、中世ヨーロッパの世界も身近になるだろう。我々が西欧にならったのは服装ばかりではない。ピポニエ氏が報告している、ブルゴーニュ地方のとくに農村で手拭いなどを指して使われたトゥアイユということばは、実はタオルということばの語源である。我々はタオルを輪奈織りの手拭いと理解するが、本来は麻や亜麻布の、用途も手拭いよりははるかに広い布類である。コートもタオルも英語から日本語に入っているのは、これらの語が中世には英語とフランス語に共通のことばであったものの、その後フランス語には残らなかったためである。

身近なことばは、しかしそれゆえに実は厄介なものである。つまり外来語として日本語に定着するときにフランス語の本来の意味を変えてしまうことが多いからである。たとえばキュロットは男物の半ズボンであるのに、日本語では女性のキュロット・スカートを指すのが普通である。そして、このような問題はなにも外来語に限るわけでない。つまりことばは変化しなくても、指し示される衣服の方は刻々とデザインを変えていくのが普通だから、既にフランス語自体のなかで意味のずれは起こっているからである。各論考に頻出するプールポワンという、十五世紀の男の上着の典型を示すことばは、十七世紀まで登場する息の長いことばで、三世紀のあいだにはさまざまに形態や装飾を変化させている。そういうわけでフランス語の論考を読むときにしばしば起こる問題は、現代にも生きていることばが、それが著者による説明のことばなのか、つまり現代語として使われているのか、それとも記録に出てくる、当該の時代の古いことばなのか、その区別が紛らわしいことがあるということである。たとえばマーヌ氏がローブということばを使うのは、ワンピース形の長い衣服を総称する現代語として使っており、果たして図像のなかの一つひとつの衣服がそう呼ばれていたのかどうかについては若干の保留が必要である。もちろん当該の時代に使われたことばであり、とりあえずこのことばで図像のなかの衣服を代表させるのが適当であるという著者の判断はある。外国語で書かれた服飾史の論考を読むときにいつも煩わされる点である。なお巻末の索引では中世のことばも、説明のための現代語もひとしくとりあげてあるので、それぞれの論考の文脈のなかで確かめてほしい。

論考のテーマが多岐にわたり、扱われる資料が多彩であったために、文学テクストから写本挿絵まで、また財産目録から民間伝承まで幅広い知識を要求される各論考の翻訳は、訳者らの能力をはるかに超えるものであった。不充分な点は多々あるものの、訳者らの理解の及ばない点をできるかぎり著者に問い、著者の意図を正確に伝える努力をしたつもりである。理解しやすくするために、もとの論考にはない図像資料を著者に補ってもらったところがあり、著者に断わって若干の削除をした部分もある。また論考に引用されているテクストで、既に邦訳のあるものについては、次のとおり参照もしくは借用させていただいた。ビュロー氏の論考における「アンの旦那と女房アニューズ」の引用については、拠っているテクストは異なるが、森本英男編訳『フランス中世処世譚』（現代教養文庫　社会思想社　一九八五年）を参照し、聖書「詩篇集」の引用については新共同訳（日本聖書協会　一九九一年）を借用した。リゴロ氏の論考におけるトリスタン物語の引用については、『フランス中世文学集一』（白水社　一九九〇年）に収められている新倉俊一氏の翻訳を参考にさせていただいた。ラ・フォンテーヌの引用については、今野一雄訳『寓話』（岩波文庫　一九七八年）の訳文を参照した。またパストゥロー氏の論考中の「衣服のコード」の一部に、既に邦訳のある同氏の著作『ヨーロッパの色彩』（石井直志・野崎三郎氏訳　パピルス　一九九五年）と重複があるため、同訳書を参照させていただいた。

なおアレクサンドル－ビドン氏とパストゥロー氏の両論考は伊藤亜紀と編者の、ビュロー氏の論考は伊藤理奈と編者の共訳である。

編者としては、それぞれ思い入れのある論文を、このようにまとめて紹介する機会を得たことは幸せである。企画を受け入れてくださり、構成について、また翻訳の上で御助言をくださった勁草書房編集部の伊藤真由美氏にはこころから御礼を申しあげたい。

一九九九年十月

徳井淑子

編訳者略歴

1980-83 年　パリ第四大学留学

1984 年　お茶の水女子大学大学院人間文化研究科博士課程満期退学

1997-98 年　パリ社会科学高等研究院にて在外研究

現　在　お茶の水女子大学助教授

主　著　『服飾の中世』(勁草書房，1995 年)，『色彩の歴史と文化』(共著，明現社，1997 年)，『世界服飾史』(共著，美術出版社，1998 年)，『服飾を生きる』(共著，化学同人，1999 年)

訳者略歴

伊藤亜紀

1996-97年　イタリア・パドヴァ大学留学

1999年　お茶の水女子大学大学院人間文化研究科博士課程修了

現　在　お茶の水女子大学助手

主な論文　「14-16 世紀イタリア服飾の色彩研究」(博士論文，1999 年)，「失われたポルポラ——中世末期イタリアにおける赤の染色と象徴」(研究ノート，『イタリア学会誌』48 号，1998 年)

伊藤理奈

1996-98年　リヨン第二大学留学

1998年　お茶の水女子大学大学院人間文化研究科博士課程満期退学

現　在　日本学術振興会特別研究員

主な論文　「下着の色と清潔——18世紀リヨンの遺体調書にみられる事例から」(『服飾美学』30 号，2000 年)

図版一覧

I -1a　紐で巻いた産衣 安全紐のない揺りかご 『図解注釈聖書』 14世紀　フランス国立図書館　Ms. Fr. 167　(Brigitte Parent (社会科学高等研究院) 画)

1b　巻き紐のない産衣 安全紐付き揺りかご 『事物の属性の書』 15世紀　フランス国立図書館　Ms. Fr. 9140 (B. Parent 画)

2　産衣を着た乳児とローブを着た幼児 『図解注釈聖書』 14世紀　フランス国立図書館　Ms. Fr. 167 (Photo B. N. F.)

3　交叉状の巻き紐の産衣 『図解注釈聖書』 14世紀　フランス国立図書館　Ms. Fr. 167 (Photo B. N. F.)

4a　交叉状の産衣 『聖杯物語』 13世紀　フランス国立図書館 Ms. Fr. 95 (B. Parent 画)

4b　交叉状の産衣 《ブリオの聖母》 Claus de Werve (?) の彩色石像　15世紀半ば　オータン　ロラン美術館 (B. Parent 画)

5a　イタリアにおける着替えの例　ベルナルド・ダッディ 《御降誕の多翼祭壇画》 1348年　フィレンツェ　ウッフィーツィ美術館 (B. Parent 画)

5b　イタリアにおける着替えの例　作者不詳 《グリゼルダの物語》 フレスコ画　15世紀末　パルマ　ロッカビアンカ城 (B. Parent 画)

6　産衣を着せる姿勢　フランス国立図書館　Ms. Lat. 886, f. 336 (Photo B.N.F.)

7　胸の上の結び目の位置　(B. Parent 画)

8　産衣の下の腕と脚の位置　チェルッチ工房 《幼児の保護者たる聖母》 部分　フィレンツェ　孤児養育院 (B. Parent 画)

9　産衣の上にかけられる覆い 『インゲボルグの詩篇集』 1200年頃　シャンティイ　コンデ美術館　Ms. 1695 (B. Parent 画)

10　三層になっているイタリアの産衣　ドメニコ・ディ・バルトロ　巡礼者宿泊所のフレスコ画　1441-42年　シエーナ　スカーラ病院 (B. Parent 画)

11a　柔軟性のある産衣 《エジプトへの逃避》 アミアン大聖堂 (B. Parent 画)

11b　柔軟性のある産衣　アントニオ・ディ・ビアージョ 《聖母子と二天使》 15世紀　個人蔵 (B. Parent 画)

11c　柔軟性のある産衣　ドナテッロ 《座る聖母子》 15世紀　ロンドン、ヴィクトリア&アルバート美術館 (D. Alexandre-Bidon の模写に基づき B. Parent 画)

12　手を自由にする柔軟性のある産衣　ジョヴァンニ・ベッリーニ 《神殿奉献》 1470年頃　ヴェネツィア　クェリーニ絵画館 (B. Parent 画)

13a　頭部の覆い方　リンネル地の場合 『死の舞踏』 15世紀　フランス国立図書館　Ms. Fr. 995 (B. Parent 画)

13b　頭部の覆い方　厚地の布の場合 『事物の属性の書』 15世紀　フランス国立図書館　Ms. Fr. 22532 (B. Parent 画)

14　半産衣　アンドレア・デッラ・ロッビア　孤児養育院のメダイヨン　15世紀　フィレンツェ (B. Parent 画)

15　半産衣　同上

16　年齢による子ども服の変化（D. Alexandre-Bidon 画）

17　年齢による貴族の子ども服の変化　ジャン・ブーテイエ『田舎大全』15世紀　フランス国立図書館　Ms. Fr. 202（Photo B.N.F.)

18　素肌につけたシュミーズ　15世紀　フランス国立図書館　Ms. Fr. 22971（B. Parent 画）

19　襟の開いたコット『聖母の奇蹟』15世紀　フランス国立図書館　Ms. Fr. 9199 (Photo B.N.F.)

20　シュミーズとローブとエプロンの製作

21　シュミーズの製作　ファイト・シュトース《室内の聖家族》部分　版画　15世紀　フランス国立図書館（B. Parent 画）

22a 22b　お護り袋（B. Parent 画）*Una farmacia preindustriale in Valdelsa*, San Gimignano, 1987, p.171; *L'oreficeria nella Firenze del Quattrocento*, Firenze, 1977, p.331, fig. 206, 207

II-1　模様付きの布でできた敷布と枕カバー（B. Parent 画）

2　食卓と食器台をおおう色縞付きのテーブル掛け『よき品行の書』〈気前のよさ〉15世紀　シャンティイ　コンデ美術館（B. Parent 画）

3　水差し吊るしに掛けられた手拭いと無地のテーブル掛け『ラブール城』1449年　インキュナブラ831　シャンティイ　コンデ美術館（B. Parent 画）

4　横木にかけられた複雑な模様の手拭い　フランス国立図書館　Ms. Lat. 1826 f. 79（B. Parent 画）

5　寝台と風呂と身体のリンネル製品（B. Parent 画）

III-1　麦束を運ぶ農夫　シャルトル　ノートル・ダム大聖堂　北口　七月の図

2　蹄鉄工『愛のチェス』フランス国立図書館　Ms. Fr. 143 f. 148 (Photo B.N.F.)

3　麦打ち『旧約聖書』ニューヨーク　ピアポント・モーガン図書館　Ms. 638 f. 12v. (Photo Pierpont Morgan Lib.)

4　草刈りと草干し　ピエトロ・デ・クレシェンズィ『農事論』フランス国立図書館　Ms. Fr. 12330　f. 202v. (Photo B.N.F.)

5　三本指の手袋　サン・ジャン・ド・モリエンヌ　洗礼者ヨハネ教会　ミゼリコルド　1498年

6　鍛冶屋『綴織りのための…画帳』フランス国立図書館　Ms. Fr. 24461 f. 15（B. Parent 画）

7　鍛冶屋　ヴァンサン・ド・ボーヴェ『人類救済の鏡』フランス国立図書館　Ms. Fr. 6275　f. 24v.（B. Parent 画）

8　大工『教訓劇』フランス国立図書館　Ms. Fr. 1166 f. 32（B. Parent 画）

9　左官屋『注釈チェスの書』ルーアン市立図書館　Fonds Leber Ms. 1483 f. 43（B. Parent 画）

10　職人たち　ボッカッチョ『名士名婦伝』ロンドン　大英図書館　Ms. Add. 18750　f. 3 (Photo British Lib.)

11　種蒔き『アミアンの時禱書』十月の図　フランス国立図書館　Ms. Lat. 13263（Photo B.N.F.)

12　葡萄潰し　『ポワチエのミサ典書』 九月の図　フランス国立図書館　Ms. Lat. 873 f.6 (Photo B.N.F.)

13　養蜂家　ウェルギリウス　『農耕詩』　オックスフォード　ボドリアン図書館　Ms. Rawl. G98　f. 49v. (Photo Bodleian Lib.)

14　ガラス吹き　プラテアリウス　『薬草の書』　ブリュッセル　王立図書館　Ms. IV 1024　f. 205

15　坑夫　『クトゥナ・ホラの聖歌集』　扉　ウィーン　国立図書館　Ms. 15501

16　パン屋　『詩篇集』　フランス国立図書館　Ms. Smith Lesouëf 20　f. 6v. (B. Parent 画)

17　パン屋　『パリの時禱書』フランス国立図書館　Ms. N. A. L. 183　f. 12 (B. Parent 画)

18　パン屋　『カトリーヌ・ド・クレーヴの時禱書』　ニューヨーク　ピアポント・モーガン図書館　Ms. 917　f. 226 (B. Parent 画)

VI-1　《ズボンをめぐる争い》　ルーアン　ノートル・ダム大聖堂　1457-1469年

2　ルーアン大聖堂聖職者席の図像プログラムにおける《ズボンをめぐる争い》のミゼリコルドの位置

3　ヴィルフランシュ・ド・ルエルグ　ノートル・ダム参事会聖堂　1473-1487年

4　パノア遊び　ボーヴェ　サン・リュシアン修道院　1492-1500年　パリ国立中世美術館蔵

5　ジャック・ド・ロンギオン　『孔雀の誓い』　フランコ・フラマン派　1350年頃　ピアポント・モーガン図書館　Ms. Glazier 24 f. 6v. (Photo Pierpont Morgan Lib.)

6　『ジャンヌ・デヴルーの時禱書』　ジャン・ピュセル彩色　パリ　1325-1328年頃　ニューヨーク　クロイスター美術館　Ms. 54. 1.2, f. 202 (Photo Metropolitan Museum)

7　グロチェスター（イギリス）大聖堂　ミゼリコルド　1340-1360年

8　『オームズビィの詩篇集』　ノーウィッチ司教区　13世紀末―14世紀初頭　オックスフォード、ボドリアン図書館　Ms. Douce 366　Psaume 80　f. 109 (Photo Bodleian Lib.)

9　『メアリー王妃の詩篇集』（イギリス）1310-1320年頃　ロンドン　大英図書館　Ms. Royal 2. B. VII　f. 160v. (Photo British Lib.)

索引／用語解説

あ行

青　bleu……………………………………11,27,76,89,100,101,103,
　　　104,107,108,110,124,125,126,127,129,130,132,133,137,138,140,141
　　bleu turquin（トルコ・ブルー）………………………………………114,115
　　pers（大青(→大青)で染めた青い毛織りの布）………………………107
　　→アズュール　→ウートゥルメール　→孔雀色　→チュルコワーズ　→ドイ
　　ツ青
赤　rouge ……………………………………10,11,24,25,26,27,39,40,76,98,100,
　　　101,102,103,107,108,109,110,112,114,124,126,129,130,131,132,137,138
　　gueules（赤を表わす紋章用語）………………………………………103
アカネ　garance　　アカネ科の多年草．本書で取り上げるのはいわゆるセイヨ
　　ウアカネで，学名は Rubia tinctorum．根の部分を挽いて粉末状にしたも
　　のが赤色染料となる．……………………………………………………130,132
麻(布)　chanvre, linge……………………………………10,11,33,48,51,53,55,58,59,
　　　60,62,76,78,79,80,81,82,83,89,99,100,101,106,110,111,115,117,131
アズュール　azur　　青の顔料となる原石ラピス・ラズリ(→ラピス・ラズリ)に
　　由来する色名で，明るい青，空色を指す．………………………………126,129
アズライト　azurite　　藍銅鉱．藍青色で透明，ガラス光沢がある．青色の顔
　　料としてフレスコ画などに用いられた．ドイツ青(→ドイツ青)ともいう．
　　　132,140
頭当て　bourrelet de tête …………………………………………………………4
亜麻(布)　lin, linge　5,7,11,13,33,38,48,51,53,54,55,56,57,58,61,62,63,131
アーミン　hermine　　ロシアのノヴゴロドより北の地域に生息する，学名
　　Mustela erminea というイタチ科の動物から得られる白い毛皮．尾の先
　　端が黒いため，接ぎ合わせると規則的に黒い斑点が生じるのが特徴．
　　　103,198
あんよ車　déambulateur, trotteur　　木枠に車をとりつけ，それを押して歩け
　　るようにした幼児用の歩行器．……………………………………………22,24,26

医師　médecin …………………………………………………10,16,28,41,124
石工　tailleur de pierre, maçon ………………………………70,71,75,80,81,107
遺贈　legs ………………………………………………………………51,95,97

遺体用の布　linceul　　埋葬に際し遺体を包む布．敷布(→敷布)を使う．……51

頂飾り　cimier　　兜の上部に付けられた飾り．15世紀の武芸試合では獣や鳥の頭部，野蛮人の姿など想像力に富んだモチーフが使われた．……………116

糸節取り職人　épinceur　　織物製造の工程で，布地に付着したごみや糸節を取り除く職人．………………………………………………………………160

イラクサ　ortie　　黄や緑の染料がとれる．………………………………………132

インディゴ　indigo　　藍色．インド藍(→インド藍)に由来する色名．………126

インド藍　indigo　　マメ科コマツナギ属の植物のうち，天然藍のとれる木本の総称．学名Indigofera tinctoria．16世紀には大青(→大青)に代わって最も重要な青色染料となった．インド北部が原産地で，葉を加工処理して練り物とし，固体の状態でヨーロッパへ輸出された．……………130,132,137

ヴェール　vair　　黒海からスカンディナヴィア半島までの地域で捕獲される，学名Sciurus variusという栗鼠から得られる毛皮．冬毛の腹部の白い毛の部分を，周囲に若干の灰色の毛の部分を残して接ぎ合わせる．接ぎ合わせの密度の大きなものはムニュ(細かい)・ヴェールと呼ばれ，とくに高価である．………………………………………………103,104,106,188,191,196

兎　lapin　……………………………………………………………………………98

ウスュール　houssure　　馬衣．馬のからだを覆う布のことで，馬上で槍を突き合う武芸試合の際には，ここに紋章(→紋章)やドゥヴィーズ(→ドゥヴィーズ)が表わされた．…………………………………………………………116

ウートゥルメール　outremer　　群青色．「海を越えて来た」という意味のことばで，顔料の原石であるラピス・ラズリ(→ラピス・ラズリ)が，遠く中近東からヴェネツィアを経由して運ばれてきたためこの名がある．画中の聖母のマントはこの青で塗られる．…………………………………………………126

産衣　drapeau, lange, maillot　　乳児は麻や亜麻のリンネルの布でくるまれた後，その上を毛織りの布でくるまれ紐で巻かれる．lange(drapeauは古語)はこの毛織りの布をとくに指し，maillotはリンネルから巻き紐まで，乳児の着衣の全体を指す．日本語にはそれぞれに該当する適切なことばがないので，本書ではともに「産衣」と訳す．……………………2,図I-1～15,4,5,7,9,10,11,12,13,14,16,17,21,22,26,28,29,30,32,33,34,41,45

ウープランド　houppelande　　14世紀末から15世紀初頭に男女が用いたワンピース形の衣服．大きな袖と立ち襟を特徴とし，男物は膝下の丈から 床に引きずるほどの丈まである．ピポニエ氏によれば，ブルゴーニュ地方の記録には富裕階級の衣服として1360年頃に登場し，1430年頃に廃れたという．105,106,107

エギュイエット　aiguillette　タイツ状のショース(→ショース)を上着のプールポワン(→プールポワン)に結びつける紐．ショースは毛織りの布を脚のかたちに裁断し，縫い合わせたもので，伸縮性がなかったため，固定させるには腰のところで上着に結びつける必要があった. …………71, 図III-2

エナン　hennin　服飾史では15世紀半ばに流行した，円錐形に高くそびえる女性用の帽子を指すことばとして定着しているが，本来は二つの突起のある，15世紀初めに流行した女性の帽子に対する揶揄のことば. …………95

エニシダ　genêt　南欧原産のマメ科の低木．黄色やオレンジ色の染料となる. ……………………………………………………………………………132

エプロン　tablier　本書ではいわゆる「前掛け」とは異なり，長い布の中央に穴を開け，頭を通して着用する，子ども用の簡単な衣類を指す.

図 I-20, 37, 38

王　roi ……………………………………………34, 103, 109, 111, 112, 118, 125, 129, 171, 172, 173, 182, 183, 184, 185, 186, 187, 190, 192, 194, 196, 199

黄褐色　fauve …………………………………………………………………132

オーヌ　aune　長さの単位で，1オーヌの長さは地域によって異なる．たとえばパリでは1.188m，フランス南部のトゥールーズでは1.197m，サヴォア地方のアヌシーでは1.154mである．一方フランス北部やフランドル地方でははるかに短く，トゥールネイでは0.66m，ヘントでは0.698m，ヴァレンシエンヌでは0.73mなどである. ………………………53, 57, 58, 59, 62, 110

帯(帯紐)　ceinture　帯の装着は幼年期を終えたしるしであり(アレクサンドル-ビドン氏の論考より)，ポケットの普及していない時代に物や道具を携帯する機能をもつものである(マーヌ氏の論考より). ………3, 4, 24, 25, 26, 27, 30, 32, 33, 38, 39, 40, 42, 69, 70, 72, 73, 75, 78, 80, 81, 88, 149, 152, 156

オレンジ色　orangé ……………………………………………………………132

か 行

外套　chape ……………………………………………………………196, 198
画家　peintre ………………………………………82, 89, 103, 112, 124, 139
楽師　ménétrier …………………………………………………108, 109, 116
掛け布(団)　courtepointe, couverture ……………63, 100, 101, 110, 111
鍛冶屋　forgeron ………………………70, 71, 74, 78, 79, 図 III-6～7, 80, 99
カズラ　chasuble　カトリックの典礼服の一つで，司祭がミサのときに着る

索引／用語解説

　　　　上衣．楕円形の布の中央に頭を通す穴を開けた仕立てで，首の開きと前後中央にT字型の装飾布が付く．……………………………………192, 193, 194

仮装　déguisement ………………………………………………………………115

甲冑（鎧）　armure ………………………………………4, 25, 101, 102, 116, 117

カバノキ　bouleau　カバノキ科カバノキ属の樹木の総称．シラカバ，ダケカンバなど．黄色やオレンジ色の染料がとれる．……………………………132

壁掛け　tapis, tenture ……………………………………97, 110, 112, 113, 117
　　→タピスリー

カミツレ　camomille　北ヨーロッパ原産のキク科の一，二年草．黄色やオレンジ色の染料となる．………………………………………………………132

カムラン　camelin　未染色の毛織りの布．羊毛の自然色のため灰色から褐色まで種々の色調があったと想像される．………………………………………107

ガラス職人　verrier …………………………………68, 74, 図III-14, 86, 87, 91

カル　cale　頭と顔を包み，顎紐で留めるかたちのリンネル製の頭巾（→頭巾）．13世紀の図像にこれを付けた男子の姿が多く見られる．……図III-3, 74, 89

カロ　calot　頭頂部だけを覆う縁なし帽（→ボネ）．……………74, 88, 89

革　cuir ………………………4, 24, 25, 27, 39, 40, 41, 42, 75, 78, 79, 80, 81, 83, 88, 92, 99

革なめし職人　corroyeur …………………………………………………………82

黄色　jaune ……………………………………………………115, 130, 132, 138

木靴　sabots ………………………………………………………………………75

騎士　chevalier ……………………………………………101, 103, 106, 116, 188

生成　écru　本来は未加工の状態をあらわすことばで，自然色のこと．……136

絹（織物）　soie ………………………38, 101, 102, 103, 104, 106, 107, 109, 110, 111, 112, 113, 115, 116, 117, 118, 131, 138, 191, 192, 193, 194, 195, 198, 199
　　→サテン　→タフタ　→パイユ　→ビロード

キャロット　calotte　男性用の頭巾を指すcale（→カル）またはcauleという語の指小辞で，丸く，頭にぴったりとした麻製の頭巾（→頭巾）を指すことが知られている．………………………………………………………38, 39

切り抜き　découpures　14世紀末から15世紀の写本挿絵には，ウープランド（→ウープランド）の広い袖口やシャプロンのコルネット（→コルネット）に切り込み装飾を入れたものが多く見られ，おそらくこれを指す．………108

金（色）　or ………………………………109, 110, 113, 116, 118, 126, 191, 192, 197, 198

金銀細工師　orfèvre ……………………………………………………82, 99, 124

巾着（財布）　aumônière, bourse, poche　お金や身の回りの小物を入れ，腰帯からさげて使う袋を指す．…………………………………4, 25, 32, 39, 40, 42

索引／用語解説

巾着職人　boursier ……………………………………………………………40

クーヴルシェフ，クーヴルテット　couvrechef, couvretête　いずれの語も頭を覆うという意味で，女性用のかぶり物を指すが，両者の相違など詳細は不明．……………………………………………………………………53, 60, 62
草干し　fenaison …………………………………………70, 71, 72, 74, 図III-4, 75
孔雀色　paonacé　クジャク paon に由来する色名で，青紫系の色．………137
靴(履物)　chaussure, souliers ……………………4, 24, 25, 26, 27, 30, 32, 39, 40, 41, 75
　　chaussons（乳児用靴）……………………………………………………40, 41
　→木靴　→突っ掛け靴　→プーレーヌ靴
靴職人　cordonnier ……………………………………………………………160
クッション　coussin　椅子に心地よく座るために使う道具で，羽毛や羊毛屑を詰めたクッション．教会では典礼書を載せる書見台として使うこともある．………………………………………………………………………51, 110, 111
クリ　châtaignier　茶系の染料がとれる．…………………………………132
グリ　gris　ヴェール(→ヴェール)と呼ばれる毛皮と同様，学名 Sciurus variusu という栗鼠から得られる毛皮．とくに背の灰色の毛皮を接ぎ合わせたものであるため，灰色というこの名がある．………………106, 188, 191, 196
クルティヌ　courtine　寝台の周囲にめぐらすカーテンや，壁に掛ける布地などを指す．………………………………………………52, 59, 101, 110, 191, 195
クルミ　noyer　樹皮から黒の染料がとれる．…………………………132, 133
グレーヌ　graines　原義は「粒」．カシの木の寄生虫で赤色染料がとれる．パストゥロー氏はこれをケルメス(→ケルメス染料)やコチニール(→コチニール)を総称することばとして捉えているが，イタリア服飾史家ロジータ・レーヴィ・ピセツキーのように，オリエントに産するものをケルメス，スペインやポルトガルなど西地中海域に産するものをグレーヌと解釈する研究者もいる．………………………………………………………………………133
黒　noir …………………………………24, 25, 27, 40, 59, 76, 96, 102, 103, 104,
　　　　105, 107, 108, 109, 110, 112, 124, 132, 133, 134, 135, 136, 137, 138, 139
　moine noir（黒い修道士の意味で，ベネディクト修道会士のこと．彼らが黒い修道服を採用したことからこの異名がついた．ただし現実には灰色・茶色・青色がかかるなど，必ずしも今日考えるような黒であったわけではなく，多分に象徴的な呼称である）……………………………………94, 135, 136
　noir et blanc（白黒，モノクロ）…………………………………………134, 138
黒貂　zibeline　シベリアの最北の地域に生息する，学名 Martes zibellina という貂属の動物から得られる毛皮で，アーミン(→アーミン)，ヴェール(→

xi

索引／用語解説

　　　ヴェール），グリ（→グリ）とともに貴族に愛好された．…………104,105
クワ　mûre　実から青や黒の染料がとれる．………………………………126,132

毛織物（ウール，羊毛）　drap, laine, lange…………4,6,7,11,12,13,19,33,48,59,
　　　　　　　　　　　　63,89,94,96,98,100,103,104,105,106,107,
　　　　　　　　　　　　136,138,159,108,111,112,114,118,131,161
　　→産衣　→カムラン　→サージ→　スカーレット→　ビュール　→ブリュネット
毛織物業者（毛織物商）　drapier………………………………103,107,124,160,161
毛皮　fourrure ……94,98,103,104,105,106,108,115,118,133,134,137,138,188
　　→アーミン　→ヴェール　→兎　→グリ　→黒貂　→子羊　→ジーネット
　　→貂　→胸白貂　→山羊　→栗鼠　→レティス
ケニェ　caignet　青みがかった明るい灰色，またはそのような色の布．…104
ケルメス染料　kermès　ケルメスはフランスの南西部，スペイン，イタリア，
　　多島海沿岸諸島に生育するブナ科のケルメスカシ（トキワガシ）という木に
　　つく直径7mm大の丸い寄生虫．普段は枝の分かれ目に木の実のように固着
　　しているが，メスが卵を内包したまま球状に変態したところを採取して乾
　　燥させたものからは，きわめて鮮やかな赤色染料が得られる．
　　　　　　　　　　　　　　　　　　　103,107,130,131,133,137

公（家）　duc
　　duc d'Anjou（アンジュー公）38,39,42,96,99,100,109,112,113,114,115,116
　　duc de Berry（ベリー公）………………………………………………111,112
　　duc de Bourgogne（ブルゴーニュ公）
　　　　　　　49,52,54,61,62,100,101,104,105,108,111,112,114,138
　　duc de Savoie（サヴォワ公）……………………………………………113,114
格子縞　tartan……………………………………………………………………33
坑夫　mineur………………………………………………………68,図III-15,87
コスチューム　costume　………………………………………………134,191,194
コチニール　cochenille　エンジムシ．16世紀中頃，南アメリカからもたらさ
　　れた赤色染料のとれる昆虫で，従来のケルメス（→ケルメス染料）よりも
　　はるかに強い染色力をもつ．以後，赤の染色はこのコチニールを用いる方
　　法が主流となった．………………………………………………130,133,137
コット　cotte　12世紀末から16世紀まで男女のワンピース形の衣服を指して
　　使われたことば．13世紀には男女の服飾の主流をなし，筒袖が付き，男物
　　はふくらはぎからくるぶしまでの丈，女物は裾を引く長さをもつ．英語の
　　コート coat の古いかたち．

21,30,32,33,34,35,図 I-19,37,38,42,69,72,図 III-3,98,107

コット・ダルム　cotte d'armes　鎧の上に羽織る衣服で，紋章が表わされることが多く，鎧兜で見分けのつかない騎士を識別させる役目をもったと思われる．……102

コテル　cotele　男物の丈の短い外衣と推測されるが，詳細は不明．……148

コナラ　chêne　茶系の染料がとれる．……132,133

ゴネル　gonelle　男女の長衣をあらわすことばとして使われているが，形状は不明．アレクサンドル-ビドン氏は，子ども用エプロン（→エプロン）を指す場合もあると推測する．イタリア語のゴンネッラ gonnella（→ゴンネッラ）にあたる．……38

子羊　agneau　……98,104

コルネット　cornette　顔の部分を残して頭から肩までをすっぽり覆うかたちの頭巾における，頭巾先端の折れ曲がる部分．あるいはシャプロン（→シャプロン）の両サイドに付いた垂れ布のこと．この布を頭や首の周りに巻き付けてかぶる．……109

コルレット　collerette　小さな襟という意味の語．亜麻布の子ども用のものとして記録されているが，詳細は不明．……38

コワフ　coiffe　麻や亜麻布でつくったかぶり物（→頭巾，→帽子）を総称することば．……25,27,30,53,156

ゴンネッラ　gonnella　13-15世紀のイタリアで，男女ともに用いた袖付きのゆったりした長衣．……4

さ 行

魚屋　poissonnier　……71,74,77,83

左官屋(漆喰職人)　gâcheur de mortier　……71,80,81,図 III-9

サージ　serge, sergis　絹または毛織りの布の一種で，中世では衣服のほか壁掛けの布として使われている．……98,107

挿絵画家　enlumineur　……103,125,166,171

指物師　huchier, menuisier　……99,158,161,164,167,173

サテン　satin　……105,114

サフラン　safran　花の雌しべの部分から黄色染料がとれる．……132

仕着せ　livrée　……99,109

敷布　drap, linceul　……48,50,51,52,54,図 II-1,55,59,60,61,62,
　　　　　　　　　　　　100,182,183,185,187,199,201

刺繍　broderie　……100,101,111,113,116,117

索引／用語解説

	orfroi（金銀刺繡）	192
刺繡職人	brodeur	82
侍従	chambellan	105, 106
詩人	poète	125, 182, 187, 191, 193, 196, 199

シダ　fougère　黄や緑の染料がとれる. ……………………………………132

下着　drap linge, linge de corps　………………48, 51, 52, 53, 54, 62, 90, 102
　　→シュミーズ　→ドゥブレ　→ブレー

仕立て屋	tailleur	54, 61, 82, 102, 105, 124, 148
七宝細工師	émailleur	124, 125

ジーネット　genette　ジャコウ猫科ジーネット属 Genetta の動物から得られる毛皮. …………………………………………………………………………104

ジポン　gipon　詰め物をし，刺し子にした布地を使い，上体に密着させた衣服で，鎧の下に着用し，緩衝の役割を果たす. プールポワン（→プールポワン）とも呼ばれる. ………………………………………………………102, 106

縞	rayure	29, 33, 100, 109, 110, 111

ジャケット　jaquette　15世紀の男物の上着を指し，プールポワンとの区別は難しい. ………………………………………………………………………106

奢侈禁止令	loi somptuaire	103, 118, 135, 136, 138

シャプロン　chaperon　12-16世紀に帽子を指して使われたことばで，時代によってさまざまな形態をとる. 顔の部分だけを開けて，頭と首をすっかり覆う頭巾状のもっとも素朴なもの（→頭巾）から，帽子の両脇に長い垂れが付き，これをターバンのように頭から顎に回して巻き付ける15世紀の典型までさまざまである. ……………19, 25, 27, 32, 90, 96, 99, 107, 108, 109

シャペル　chapelle　礼拝室の道具や調度. ……………………………111, 112

シャンブル　chambre　寝室に備えられる家具・調度（絨毯，壁掛け，寝台，寝台の天蓋，寝台にめぐらすカーテンなど）を指す. …………110, 111, 112

絨毯（敷物）	tapis	112, 195
修道服	costume monastique	94, 133, 135, 136, 142

　　→黒　→灰色　→白

縮充　foulage　毛織物製造の仕上げの一工程. 布の長さや幅を収縮し，組織を密にし，表面の毛端をからませること. ……………………………………70

シュミーズ　chemise　麻や亜麻布で仕立てたワンピース形の男女の肌着（→下着）. ……………………………22, 33, 34, 35, 図I-18, 図I-20〜21, 37, 38, 48, 51, 53, 59, 60, 61, 62, 69, 70, 73, 図III-4, 88, 89, 156, 157, 176, 186

漿果　baie　果皮が肉質で，液汁の多い果実. ……………………………126, 132

職人　artisan, artiste　…………………68, 69, 71, 72, 74, 75, 77, 80, 図III-10,

....89, 97, 99, 101, 106, 124, 126, 129
　→糸節取り職人　→鍛冶屋　→ガラス職人　→左官屋　→指物師　→刺繍職人　→仕立て屋　→織工　→剪毛職人　→染物師　→大工　→樽職人　→蹄鉄工　→屋根職人
ショース（靴下）chausses　　長靴下．14世紀半ばから15世紀にかけては，ジャケット（→ジャケット）やプールポワン（→プールポワン）などの上着と組み合わせて男子が用いたタイツ状の脚衣．………… 4, 25, 27, 30, 32, 41, 69, 70, 図 III-2, 71, 72, 図 III-3, 図 III-14, 88, 102, 106
織工　tisserand ……………………………………………………………………129
白　blanc ………………………………… 11, 33, 76, 77, 78, 79, 80, 81, 82, 83, 88, 98, 100, 101, 110, 112, 124, 133, 134, 135, 136, 138, 139, 201
　moine blanc（白い修道士の意味で，シトー修道会士のこと．彼らは修道服に未染色の白い布地を使ったため，この異名をとった）……… 94, 135, 136
　blanc cassé（灰白色）………………………………………………………………136
神学者　théologien ……………………………………………………… 124, 125, 135
ジンゾリン　zinzolin　　ゴマの種子からとった赤紫染料．………………………132

スイバ　oseille　　タデ科の多年草．モーヴ（→モーヴ）の染料がとれる．……132
スカーレット　écarlate　　ケルメス染料（→ケルメス染料）で赤く染めた毛織物，またはその鮮やかな緋色のこと．フランドル地方で生産される毛織物の代表で，もっとも高価であった．14-15世紀には大法官という，いわば最高位の官僚を示す色となった．…………………………………… 103, 105, 107, 108
鋤き起こし　béchage ……………………………………………………………71, 78
頭巾　béguin, capuche, capuchon ……………………………………… 5, 19, 84, 85, 88
　→カル　→キャロット　→コワフ　→シャプロン
ステンドグラス画工　peintre verrier ……………………………………………125
スノキ　airelle　　ツツジ科の落葉低木．実から青や黒の染料がとれる．126, 132
ズボン　culotte　　家庭の采配権を握るという意味の「ズボンをはく」という言い回しには今日この語を使うのが普通である．本来は17-18世紀に男子が用いた膝下丈のズボンを指す．
　　　　　　144, 145, 147, 150, 152, 158, 159, 160, 162, 163, 164, 167, 173, 174
　pantalon（長ズボン）………………………………………………………………88
　→ブレー
スュルプリ　surplis　　下層民の衣服として記録にあらわれるが，実態はつかみにくい．14世紀に羊飼いの技術を述べたジャン・ド・ブリー著『良き羊飼い』では，シュミーズ（→シュミーズ），ブレー（→ブレー），コット（→

xv

コット)の上に着る衣服として記されている．またカトリックの聖職者が教会で，典礼以外の宗事をおこなうときに，通常の衣服の上に重ねて着る亜麻布の衣服を指す． ……………………………………………37,52,62
スリット　fente ……………………………………………33,34,35,71,72,89
スロー　prunelle　サクラ属の低木．実から青や黒の染料がとれる．………132

聖職者　clerc, ecclésiastique, prélat, prêtre …62,94,97,128,135,155,158,174
　　curé (神父) ……………………………………………………………156
　　prédicateur (説教師) ………………………………………153,154,157
背もたれ　dossier, dociel　寝台の枕元の横木の部分． ……………59,101,110
セルフィーユ　cerfeuil　セリ科のパセリに似た香草．黄や緑の染料がとれる． ………………………………………………………………………132
剪毛職人　tondeur　毛織物製造の仕上げの工程で，布地の表面のけば立ちを切る職人． …………………………………………………160,161,164
ソックス　chaussettes ……………………………………………………………4
染物業　teinturerie ……………………………………129,130,131,132,140
染物師　teinturier……………………………………103,124,125,129,130,131

た 行

大工　charpentier ……………………………………………70,80,図III-8,81
大青　guède　青(→青)の染料のとれるアブラナ科の多年草，学名 Isatis tinctoria という植物，もしくはその染料．16世紀まで青い布地の染色にもっとも多用された．名称は植物の特産地であったイタリアのグアルド Gualdo 地方に由来する．開花前の7月に収穫した葉を細かく切り刻んで発酵させたのち，乾かしたものが染料として用いられる．フランス北部ではパステル(→パステル)と呼ばれる． ………………………103,126,130
種蒔き　semailles ………………………………………71,83,84,図III-11
タピスリー　tapisserie……………………………………………110,111,112,113
タフタ　taffetas ……………………………………………………………112
樽職人　tonnelier ……………………………………………………………81,99

茶色(毛織物)　brun ……………………………………10,104,132,133,136,137
　　brun foncé (焦茶色) ………………………………………………136
　　→ビュール
チュニック　tunique　ベルールの『トリスタン物語』では，イズーが絹のブリオーの上に着ているものとして記されている．ワンピース形の衣服と推

測されるが，具体的にどのような形態の衣服を指すのかは不明. ………198
チュルコワーズ　turquoise　　トルコ石に由来する青緑色. …………………126

突っ掛け靴　patins　　靴を履いた上に突っ掛ける木製の履物. ……………160
紡ぎ棒　quenouille　　麻や亜麻，羊毛などの糸を紡ぐときに使う木製の棒.
　　　　　　　　　　　　　　　　　　　　　　　　　　77,155,156,164

蹄鉄工　maréchal-ferrant ……………………………………図 III-2,80,99,106
手拭い（やナプキンの類）　serviette, tergeure, touaille
　　　　　　　　　　　　　　　　　　48,50,58,59,図 II-3～4,61,62
手袋　gants, moufles　　五本指の手袋はきわめて貴重で，民衆階層では二本指
　　か三本指の手袋が一般的だった. ………………75,図 III-5,86,90,201
テーブル掛け（食卓布）　nappe, tauler, tauley
　　　　　　　　　　　　48,50,56,57,図 II-2～3,58,59,61,62,157
貂　martre ……………………………………………………………………105
テント（天幕）　tente, tref ……………………………………………117,195

ドイツ青　blue d'Allemagne　　アズライト（→アズライト）のこと. 中世では
　　南ドイツやボヘミア，チロル地方で産出されたので，このように呼ばれ
　　た. ………………………………………………………………………127
ドゥヴィーズ　devise　　14世紀末から15世紀にかけて流行した，家系を表わす
　　紋章とは別の遊戯的な紋章. ドゥヴィーズとは今日では紋章に付された標
　　語を指すが，この時代には紋章を構成する図柄・色彩・標語のすべてを指
　　す. ……………………………………………………100,109,114,116
道化　fou ………………………………………………………………………115
トウヒ　épicéa　　マツ科の常緑高木. 灰色の染料がとれる. …………………132
ドゥブレ　doublet, doublot　　一般に麻や亜麻布を二重にして刺し子にした
　　上半身の衣服. シュミーズの上，もしくはシュミーズに代えて着た服であ
　　るが，庶民は上に着るものとしても用いた. ……………………………53,62
屠殺　abattage ………………………………………………………76,78,83
トネリコ　frêne　　モクセイ科の落葉高木. 緑の染料がとれる. ……………132
ドラ　drap　　狭義ではラシャを指すが，広く衣服や布を指して使うことば.
　　　　　　　　　　　　　183,185,187,188,190,193,197

　　→毛織物　→敷布　→下着

な 行

肉屋　boucher ……………………………………………………71,74,78,83,86

農民（農夫）　paysan, vilain ………………………49,55,61,68,69,図 III-1, 71,図 III-3～4,74,75,77,83,86,89,97,98,101,108,115,129,132,150,151

は 行

灰色　gris ……………………………………99,100,105,107,133,136,138
　　moine gris（灰色修道士の意味で，フランチェスコ修道会士のこと．とりわけ清貧を重んじる彼らは修道服にこの色を採用し，縄の帯を締めたので，この異名がついた）……………………………………………………………136
媒染剤　mordant ……………………………………………129,130,131,132
　　→ミョウバン
パイユ　paile　12世紀の文学にマントやブリオーなどの衣服の素材として，また敷物，テント，天蓋，遺体を包む布として頻出することば．東方渡来の高価な薄地の絹布と推測されるが，詳細は不明．………191,192,195,197
墓掘り人　fossoyeur ………………………………………………………70
パステル　pastel　大青（→大青）から得られる藍染料の，フランス北部における名称．………………………………………………………103,130,132
畑仕事　céréaliculture　とくに小麦栽培の農作業．………………………77
　　→鋤き起こし　→麦打ち　→麦刈り
バックル　boucle ……………………………………………………………3,4
伐採　abattage ………………………………………………………………71
パノア　pannoy　一本の棒を互いの方向に引っ張り合って相手のバランスを失わせる遊び．………………………160,162,163,図 VI-4,164,168
パープル　pourpre　本来はホネガイ（→ホネガイ）やアクキガイの分泌液で染められた色をあらわすことば．一般に貝紫と呼ばれるが，かなり赤味がかった色調を指す．………………………………………103,129,131,133,141
パルム　parme　かつてスミレの名産地として知られたイタリア北部の都市パルマ Parma に由来する色名で，薄紫色．………………………………11
半産衣　demi-maillot　下半身のみを布でくるみ，拘束し，腕は自由になるようにした産衣．アレクサンドル-ビドン氏によれば歩行前の生後3，4ヵ月の子どもに着せられたという．…………20,図 I-14～15,21,22,23,32,33
バンキエ　banquier　長椅子に掛ける布のこと．クッションとは異なり詰め物のされていないものを指す．…………………………………………111

索引／用語解説

パンツ　caleçon ……………………………………………………………59, 73
ハンノキ　aulne　カバノキ科の落葉高木．松毬状の果実から灰色染料がとれる．………………………………………………………………………132
パン屋　boulanger……………………74, 77, 87, 図III-16～18, 88, 89, 106, 107

ビオード　biaude　下層民の，上半身をつつむ麻布の衣服と想像されるが，詳細は不明．………………………………………………………………53
ビス　bis　一般には灰褐色を示すが，パープルという語などを形容する場合には，赤色の濃いことを示す．…………………………………136, 195, 197
ヒース　bruyère　ツツジ科の常緑低木で，黄色やオレンジ色の染料がとれる．………………………………………………………………………132
羊飼い　berger…………………………………………………………77, 90, 97
ビュール，ビュレル　bure, burel　褐色の粗末な毛織りの布．茶色（→茶色）と呼ばれる布と同種で，いずれも黒い羊の毛で織った未染色の布．　98, 100
ビロード　velours ……………………………………………………………38, 114

フェルト　feutre ………………………………………………………………39
葡萄栽培　viticulture…………………………………………………………77
　　vendange（葡萄の収穫）………………………………………………71, 76, 84
葡萄酒の補充　ouillage　樽につめた葡萄酒は，蒸発したり，木製の樽に吸収されて減少するので，補充を要する．…………………………………70, 78
フュテン　futaine　語源は「木材でできた布地」で，麻糸と木綿糸で織った布．衣服の裏地やプールポワン（→プールポワン）に用いる．本来は東方から運ばれたものだが，15世紀末にはフランス，イタリア，ドイツ，イギリスで生産された．……………………………………………………………106
ブラジル材　bois de Brésil　インド，中国，日本に生育するマメ科植物であるブラジルスオウのこと．グルコシド（配糖体）の中に水に溶解しやすい赤い色素を含む．イタリアでは legno rosso（赤い木）として知られ，その赤さゆえに bragia（真っ赤な炭火）ということばが訛って brasa, lignum brasile などの名で呼ばれるようになったという．ブラジルという国名は，この名に由来する．…………………………………………………………132
プラタナス　platane　茶系の染料がとれる．………………………………132
ブリオー　bliaut　11世紀末から13世紀にかけて男女が用いたワンピース形の丈の長い衣服．12世紀の服飾の主流をなし，とくに女物はたもとの大きな袖をもつのが特徴．…………………………………………………197, 198
プリソン　pelisson　皮を意味する pellis を語源とし，防寒を目的とした毛皮

xix

索引／用語解説

の衣服．毛皮で裏打ちされた衣服を指すとも，二枚の布地に毛皮をはさんで作った衣服であるともいわれるが，ピポニエ氏はもっと素朴に，毛の側面を裏に，皮を表にしただけの簡単な衣服であると考える．……………98

ブリュネット brunette　パステル染料とアカネで濃く染め，深い黒色を出した毛織りの布．パステル染料が少ないと茶がかかるので，茶色 brun という語から派生したことば．…………………………………………104, 108

プールポワン pourpoint　15世紀の男子の上着．タイツ状の脚衣であるショース（→ショース）と組み合わせて着る．poindre（刺し子にする）ということばの派生語で，鎧の下に緩衝用として着た詰め物のある衣服に由来する．15世紀半ば頃には肩部を詰め物で大きく膨らませたものが流行する．
　　24, 25, 26, 32, 69, 70, 71, 72, 73, 78, 79, 80, 81, 図III-14, 88, 89, 99, 102, 106

ブルジョア bourgeois …………………………5, 12, 49, 63, 96, 108, 110, 118

ブレー braies　男用の麻または亜麻布製の長ズボン状の下着（→下着，→ズボン）．………54, 61, 69, 72, 図III-3, 88, 92, 144, 145, 147, 148, 149, 150, 151, 152, 153, 157, 160, 162, 165, 166, 168, 図VI-8〜9, 169, 173, 186
　braca (braies にあたるラテン語) ……………………………………154

ブレーヴェ breve　巾着型をした布製の小さなお護り袋で，頸にかけるものを指すイタリア語．イタリアの子どもの図にみられる．…………38, 図I-22

プーレーヌ靴 poulaines　15世紀に流行した先の尖った靴．馬の毛などの詰め物をし，鯨の髭で支える工夫がなされ，先端の長さは60-70cmに及ぶこともあった．……………………………………………………32, 図I-17

ベージュ beige　自然の羊毛の色，またはそのような色の布．…11, 98, 100, 132

ベッレッタ berretta　イタリア語で，縁なし帽を総称することば．…………4

ヘンナ henné　ミソハギ科の低木．葉を乾燥させると，オレンジ色の染料がとれる．……………………………………………………………132

帽子（かぶり物）chapeau, coiffe, coiffure
　　　　　　　　19, 26, 27, 30, 32, 38, 39, 42, 52, 69, 74, 89, 99
　→カル　→カロ　→キャロット　→クーヴルシェフ　→コワフ　→シャプロン　→ベッレッタ　→ボネ　→麦藁帽

ボタン bouton ……………………………………………4, 7, 34, 37, 38

ボネ（縁なし帽，帽子）bonnet　縁のない帽子に対する総称．
　　　　　　　　4, 17, 19, 20, 25, 32, 33, 38, 39, 89, 99

ホネガイ murex　地中海沿岸部に棲息する巻貝．この貝から得られる白い分泌液は布を美しい赤紫色（→パープル）に染めることができる．貝1個あ

ま 行

前掛け devantier, tablier ……………………52,53,68,図Ⅲ-2,76,77,78,79,
　　　　　　　　　　　　　　　　図Ⅲ-6〜11,80,81,82,83,84,88,92,99,156
巻き紐 bande, bandelette, fascia（イタリア語），tresse　乳児をリンネルと毛織りの布でくるんだ後，それらを固定するために巻きつける紐のこと．
　　2,図I-1,4,5,6,図I-3〜5,7,図I-7〜8,10,11,13,14,図I-11〜15,16,17
枕 oreiller ……………………………………………………19,54,図Ⅱ-1,101
マットレス matelas　寝台の上の敷物． ……………………………50,51
マンテッリーノ mantellino　イタリア語で，丈の短いマントのこと．-ino はイタリア語の縮小辞． ………………………………………………………4
マント manteau　半円あるいは四分の三円のかたちをし，肩に羽織り，前で留め金をかけるか紐で結んで着る衣服．表地にウールか絹を使い，裏には毛皮を張るが，必ずしも屋外用の防寒衣ではなく，むしろ屋内で着られ，貴族身分を象徴する． ………………2,103,107,125,126,127,148,171,198

緑色 vert………11,26,27,105,107,108,109,110,112,115,130,132,133,135,141
　　vert brun（暗緑色） …………………………………………………107
　　vert clair（薄緑色） ………………………………………………114,116
ミ-パルティ mi-parti　衣服の前と後の中央で垂直に左右に分け，色または布地を違えたデザインのこと．14-15世紀の道化服の典型であり，楽師や大道芸人などの服装によく見られるが，14世紀前半には貴族階級の少年・青年の衣服としても流行する． …………………………100,108,109,110
ミョウバン alun　アルミニウムの硫酸塩とカリウムの硫酸塩との複塩の総称．もっとも一般的な媒染剤．13-14世紀にはエーゲ海諸島や近東で大量のミョウバンが産出されていたが，1453年にトルコに敗れて東ローマ帝国が滅亡するとヨーロッパでミョウバンが欠乏した．しかしその後，教皇領のトゥルファでミョウバンの大鉱床が発見され，事無きを得た． ………130

麦打ち battage　殻竿で麦を打ち，脱穀する作業． ……………72,図Ⅲ-3
麦刈り moisson ……………………………………………………………70,75
麦藁帽 chapeau de paille …………………………………………………74
胸白貂 fouine　イタチ科の，学名 Martes foina という動物から得られる毛

皮.……105
胸当て　bavette　前掛けの胸当て.……79,80,81,82,88
紫(菫色)　violet　……103,107,108,129,130

メジ　mégie　ミョウバン液で白くなめした革.　……99
綿　coton　……102,131

喪　deuil……104,108
モーヴ　mauve　アオイに由来する薄紫色.　……132
モクセイソウ　gaude　モクセイソウ科の一年草で北アフリカ原産．黄色染料がとれる.……132
没食子　noix de galle　ある種の膜翅類の虫がカシの木の若芽や葉に産卵する際につけた刺し傷が，木の自衛的な反応によって瘤状に変化したもので，タンニンを多く含んでいる．このタンニンは，ウルシなどと同じく黒く染める力をもち，16世紀まで代表的な黒色染料としてひろく使用された.
133
モレ　morée　石臼でひくときに出る石や鉄の細粉の色，あるいはそのような黒茶色の布.……104
紋章　armoirie, blason, héraldique　……99,102,103,116,117,124,139
→ドゥヴィーズ
紋章官　héraut d'armes　……124,125,139

や　行

山羊(の毛皮)　chèvre, chevreau　……83,98
薬種商　apothicaire　……62
屋根職人　couvreur　……70,81

養蜂家　apiculteur　……68,図 III-13,86

ら　行

ラピス・ラズリ　lapis lazuli　中世ラテン語で「青い石」の意で，和名は瑠璃．アフガニスタンのバダクシャンをはじめとする中央アジアに多く産する鉱石．これを粉砕，選別して，青の顔料を得る.……126,127
→アズュール　→ウートゥルメール　→ドイツ青

栗鼠　écureuil　……105

索引／用語解説

漁師　pêcheur ……………………………………………………………………73
料理人　cuisinier …………………………………………………………54,82,105
リンネル　linge　麻や亜麻の布，または敷布（→敷布），食卓布（→テーブル掛け），布巾，手拭い（→手拭い），下着（→下着），乳児をくるむ布（→産衣）など，麻や亜麻製の家庭用布類. ……………………………5,6,7,11,13,17,18,19,
  33,48,49,50,51,52,54,56,58,59,60,61,62,63

レ　lé　布地の織幅を指すことは知られているが，寸法は不明. ……55,60,62
レティス　létice　ロシアやスカンディナヴィアに生息した，学名 Mustela nivalis というイタチ科の動物から得られる白い毛皮．アーミンと異なり，尾は先端まで白い. ………………………………………………………104,106
錬金術師　alchimiste ……………………………………………………………124

ローブ（長衣）　robe　14世紀には重ね着される一揃の衣装に対して使われたことばであり，15世紀にはワンピース形の長い衣服を指す.
　　　2,4,17,21,22,23,24,25,26,27,28,29,30,32,33,34,35,図 I-20,37,38,
40,52,62,69,71,73,78,79,83,86,89,96,98,99,106,107,108,110,113,115
ロショ　rochot　農村の男女の着た麻製の上着と推測されるもの. …………99

xxiii

著者と掲載誌

以下に各論考の著者と出典を紹介し、服飾と本論の内容に関わる論文・著作を掲げる。

ダニエル・アレクサンドル-ビドン「巻き紐から衣服へ――中世の子ども服（13―15世紀）」
Danièle Alexandre-Bidon, Du drapeau à la cotte : vêtir l'enfant au Moyen Age (XIIIe-XVe s.), *Le vêtement, Histoire, archéologie et symbolique vestimentaires au Moyen Age,* Cahiers du Léopard d'Or, no.1, Paris, 1989, pp.123-168

パリ社会科学高等研究院（Ecole des Hautes Etudes en Sciences Sociales）に勤務する研究者で、中世の児童文化に関する多くの著作があり、この分野の第一人者である。遊びや教育を含めた子どもの文化のほか、染織品や装身具などの衣服の文化、陶器や乳製品などの食事の文化、また近年では死、音など興味深いテーマで中世の生活感情の全般を考察し、そうした著作の編者としても広く活動している。写本挿絵や文献を巧みに使い、テーマの設定の面白さでは群を抜く。1996年のアングレーム漫画博物館主催のコロックでは「漫画以前の漫画」と題して中世の図像における物語叙述と動画技術を検討している。本論文の掲載誌は、これまで学問領域の溝に落ちてしまい、中世史から脱落している主題をとりあげるという趣旨で創刊されたシリーズ本『金豹誌』の一冊目で、「衣服――中世服飾の歴史・考古学・象徴体系」と題された論文集である。

«Puériculture et sentiment de l'enfance dans l'Italie des XIVe et XVe s.: l'exemple du *Decameron*», *Chroniques italiennes,* 9, 1987, pp. 1-65

«Le tissu et l'enfant au Moyen Age», *Textile-arts,* juin, 1985, pp.72-76

«Le vêtement de la prime enfance à la fin du Moyen Age: usages, façons, doctrines», *Ethnologie française,* t. 16, 1986, no. 3, pp.249-260

«Évolution du costume populaire au cours du Moyen Age», *Costume Coutume,* Grand Palais, Paris, 1987, pp.46-48 (en coll. avec P. Mane)

Le Pressoir mystique. Actes du Colloque de Recloses, 27 mai 1989, Cerf, Paris, 1990

«Luxe ou nécessité? A la fin du Moyen Age, les bijoux féminins», *Ethnologie Française,* t. 22, 1992, no. 2, pp.196-206

«Le corps et son linceul», *A réveiller les morts* (sous la direction de D. Alexandre-Bidon et C. Treffort), Presses universitaires de Lyon, Lyon, 1993, pp.183-206

L'Enfance au Moyen Age (en coll. avec P. Riché), Seuil/BNF, Paris, 1994

Les Enfants au Moyen Age, V^e-XVe siècles (en coll. avec D. Lett), Hachette, Paris, 1997

フランソワーズ・ピポニエ「生活の白布・身体の白布――ブルゴーニュ地方の財産目録から」および「都市の布と宮廷の布」
Françoise Piponnier, Linge de maison et linge de corps au Moyen Age d'après les inventaires bourguignons, *Ethnologie française,* t. 16, no. 3, 1986, pp.239-248 ; Etoffes de ville et étoffes de cour, *La ville et la Cour - des bonnes et des mauvaises manières,* Sous la direction de D. Romagnoli, Fayard, Paris, 1995

パリ社会科学高等研究院教授で、中世の物質文化を広く調査している考古学者である。中世服飾史の領域ではパイオニアであり第一人者である。アナール学派を代表する師フェルナン・ブローデルの指導で、文書・遺品・図像の資料を総合してアンジュー公の宮廷の衣生活を述べた博士論文は1970年の刊行で、中世服飾研究の嚆矢となった。長年にわたりブルゴーニュ地方とアンジュー地方の古文書を調査し、ヨーロッパ各国の学術誌上で報告している。そのかたわらフランスやイタリアで中世の集落・城塞などの発掘にあたり、家財道具・調理具や調理技術・農具などの調査にあたっている。「都市の布と宮廷の布」は暮らしの作法をテーマとした論文集に載せられた論考で、社会の各階層が装いをいかに考えたかという問題提起で始まっているが、その具体相に重心が置かれている。概説的とはいいながら中世の衣生活の全体像をつかむうえで役に立つ。

Costume et vie sociale, la cour d'Anjou XIVe-XVe siècle, Mouton, Paris, 1971

«La consommation des draps de laine dans quelques milieux français à la fin du Moyen Age», *Produzione commercio e consumo dei panni di lana,* Florence, 1976, pp.423-434

«Cloth merchants' inventories in Dijon in the fourteenth and fifiteenth centuries», *Cloth and Clothing in Medieval Europe, Essays in Memory of Professor E. M. Carus-Wilson,* London, 1983, pp.230-247

«Le costume paysan au Moyen Age: sources et méthodes», *L'Ethnographie,*

Paris, 1984, CXXVI^{e} année, pp.291-308 (en coll. avec M. Closson et P. Mane)

«Le costume paysan à la fin du Moyen Age», *Costume Coutume,* Grand Palais, Paris, 1987, pp.42-45

«Matières premières du costume et groupes sociaux - Bourgogne XIVe-XVe siècles», Inventaires après-décès et ventes de meubles (éd. M. Baulant, A. J. Schuurman et P. Servais), Paris, 1988

«Une révolution dans le costume masculin au XIVe siècle», *Le vêtement,* Cahiers du Léopard d'Or, no.1, Paris, 1989, pp.225-242

«Le costume et la mode dans la civilisation médiévale», Mensch und Objekt im Mittelalter und in der frühen Neuzeit, Leben-Alltag-Kultur, Österreichischen Akademie der Wissenschaften, Wien, 1990, pp.365-396

Mille ans de costume français, Thionville, ed. G. Klopp, 1991 (en coll.)

«L'Univers féminin-Espaces et Objets» *Histoire des femmes en Occident,* vol. II (sous la direction de C. Klapisch-Zuber), pp.345-55, Plon, Paris, 1991（邦訳「女の宇宙――空間と道具《オブジエ》」『女の歴史』中世2　527-46頁　G. デュビイ／M. ペロー監修　杉村和子／志賀亮一監訳　藤原書店　1994年）

«Entre vie quotidienne et liturgie: le vêtement ecclésiastique à la fin du Moyen Age», *Symbole des Alltags, Alltag der Symbole, Festschrift Harry Kühnel zum 65. Geburtstag,* Graz, 1992, pp.469-495

«Les étoffes du deuil», *A réveiller les morts,* Presses universitaires de Lyon, 1993, pp.135-140

Se vêtir au Moyen Age, Adam Biro, Paris, 1995 (en coll. avec P. Mane; trad. *Dress in the Middle Ages,* Yale University Press, New Haven-London, 1997)

«Des peaux pour tous: artisanat et commerce de détail à Dijon au XVe siècle», *Milieux naturels, espaces sociaux,-études offertes à Robert Delort,* Publication de la Sorbonne, Paris, 1997

ペリーヌ・マーヌ「中世の図像からみた仕事着の誕生」

Perrine Mane, Émergence du vêtement de travail à travers l'iconographie médiévale, *Le Vêtement, Histoire, archéologie et symbolique vestimentaires au Moyen Age,* Cahiers du Léopard d'Or, no.1, Paris, 1989, pp.93-122

フランス国立科学研究所（Centre Nationale de Recherches Scientifiques）の研究員であり、社会科学高等研究院においてピポニエ氏らと中世考古学・農業技術に関するゼミを開講している。論考が示しているように写本挿絵や彫像など

図像資料の収集の領域で優れ、自ら作成した二万件の図像資料のデータベースをもつ。専門はそのような資料を通して農業・牧畜の技術、農民・職人の生活を分析することで、葡萄栽培・養蜂・漁業・養豚・牧牛あるいは食物・調理などの実態を図像で明らかにした面白い論考が多くある。本書がとりあげた衣服に関する論文はそのような調査の過程で生まれた副産物といえる。本論文に引用された写本について説明が欠けているのは、すでに写本について詳細に紹介する論考があるためである。服飾についてはピポニエ氏のよき協力者として図像の側面で補助し、共同執筆の論文が多い。

Calendriers et techniques agricoles (France-Italie, XIIe-XIIIe siècles), Paris, Le Sycomore, 1983

«Le costume paysan au Moyen Age: sources et méthodes», *L'Ethnographie,* Paris, 1984, CXXVI^e année, pp.291-308 (en coll. avec M. Closson et F. Piponnier)

«L'iconographie des manuscrits du Traité d'Agriculture de Pier' de Crescenzi», *Mélanges de l'Ecole Française de Rome, Moyen Age-Temps Modernes,* 97, 1985, 2, pp.727-818

«Évolution du costume populaire au cours du Moyen Age», *Costume Coutume,* Grand Palais, Paris, 1987, pp.46-48 (en coll. avec D. Alexandre-Bidon)

Mille ans de costume français, Thionville, ed. G. Klopp, 1991 (en coll.)

«Abeilles et apiculture dans l'iconographie médiévale», *Anthropozoologica,* 14-15, 1991, pp.25-48

«Entre vie quotidienne et liturgie: le vêtement ecclésiastique à la fin du Moyen Age», *Symbole des Alltags, Alltag der Symbole, Festschrift Harry Kühnel zum 65. Geburtstag,* Graz, 1992, pp.469-495

Se vêtir au Moyen Age, Paris, Adam Biro, 1995 (en coll. avec F. Piponnier. Trad. *Dress in the Middle Ages,* New Haven-London, Yale University Press, 1997)

ミシェル・パストゥロー「青から黒へ——中世末期の色彩倫理と染色」

Michel Pastoureau, Du bleu au noir -Ethiques et pratiques de la couleur à la fin du Moyen Age, *Médiévales,* t. 14, 1988, pp.9-21

パリ高等実習研究院（Ecole Pratique des Hautes Etudes）教授で、紋章学の

専門家であるが、近年では豊富な知識と柔軟な発想により色彩文化について多くを語り、あまりに著名である。服飾史家こそ語るべきなのに、なぜ色を語らない、と早くから問題提起をした人であるが、結局は服飾史家より早く衣服の色や文様を語ることになった。本書に引いたマーヌとアレクサンドル-ビドン両氏の論考が収められた掲載誌『金豹誌』は、氏の編集になる。またビュロー氏の論考が収められたパリ第八大学刊『中世』の特集号「布と衣服」にも氏が巻頭に論考を寄せている。本書の論考が予告する黒の歴史についてはその後、以下の論文が出ている。中世末期の黒の好尚はスペイン宮廷に継承される一方で、プロテスタンティズムの色彩観に合流し、やがて機械生産の時代に受け継がれ、今日なお事務機器に黒・灰色・白が主流であるのはこのためとするところが面白い。

«L'Eglise et la couleur des origines à la Réforme», *Bibliothèque de l'Ecole des chartes,* t. 147, 1989, pp.203-230

«Ceci est mon sang. Le christianisme médiéval et la couleur rouge», *Le Pressoir mystique,* Cerf, Paris, 1990, pp.43-56

L'étoffe du Diable -Une histoire des rayures et des tissus rayés, Seuil, Paris, 1991（邦訳『悪魔の布――縞模様の歴史』松村剛／恵理訳　白水社　1993年）

Dictionnaire des couleurs de notre temps, Bonneton, Paris, 1992（邦訳『ヨーロッパの色彩』石井直志／野崎三郎訳　パピルス　1995年）

«Une histoire des couleurs est-elle possible?», *Ethnologie française,* t. 20, no. 4, 1990, pp.368-377

«Morales de la couleur : Le cromoclasme de la Réforme», *La couleur,* Cahiers du Léopard d'Or, no.4, 1994, pp.27-45

Jésus chez le teinturies -Couleurs et teintures dans l'Occident médiéval, Le Léopard d'Or, Paris, 1997

«La révolution des couleurs ou le triomphe du bleu», *L'Histoire,* no. 229, 1999, pp.66-67

ピエール・ビュロー「《ズボンをめぐる争い》――ある世俗的主題の文学と図像のヴァリエーション（13―16世紀）」

Pierre Bureau, «La dispute pour la culotte»-Variations littéraires et iconographiques d'un thème profane (XIIIe-XVIe s.), *L'étoffe et le vêtement, Médiévales,* t. 29, 1995, pp.105-129

パリ古文書館（Archives Nationales Caran）の研究員である。社会科学高等

研究院でジャン・クロード・シュミット教授の指導により衣服のシンボリズムに関する研究をおこなって以来、言語・図像・文学のさまざまのレヴェルで、服飾に関わる表現が中世の人々の想像力のなかでどのような意味をもったかを考察している。これまでの成果は「中世の想像世界を通して見た衣服の象徴的意味と機能」という題目で、まもなく博士論文にまとまると聞く。本論も示しているように、図像の系譜・伝統を丁寧に洗い出し、かつことばの表現を語源と民間伝承と文学解釈のそれぞれのレヴェルで丹念に調査している点が評価される。聖マルタンのマントに関する図像と『狐物語』の皮(衣服) に関する表現を考察した以下の論考も面白い。掲載誌『中世』はパリ第八大学が刊行している言語・文学・歴史に関する学術誌で、「布と衣服」というテーマで特集号が組まれた。

«Le temps du dépouillement ou la ritualité vestimentaire et les processus métamorphiques dans la littérature médiévale du XIIe et XIIIe siècles», *Actes du Colloque sur l'image médiévale,* Amiens, 1986 (Université de Picardie)

«Le symbolisme vestimentaire du dépouillement chez saint Martin de Tours à travers l'image et l'imaginaire médiévaux», *Le vêtement,* Cahiers du Léopard d'Or, no.1, Paris, 1989, pp.35-71

«Les valeurs métaphoriques de la peau dans le *Roman de Renart.* Sens et fonctions», *Médiévales,* t. 22-23, 1992, pp.129-148

«La chape de saint Martin dans tous ses états. Sens et fonctions symboliques du vêtement partagé à travers la miniature du Xe au XIIIe siècle», *Martin de Tours. Du lègionnaire au saint évêque,* Edition ASBL Basilique Saint-Martin et Musée d'Art religieuse et d'Art mosan de Liège, Liège, 1994

フランソワ・リゴロ「ベルールの『トリスタン物語』における衣服の形象価値」

François Rigolot, Valeur figurative du vêtement dans le *Tristan* de Béroul, *Cahiers de Civilisation médiévale*, 1967, no. 3-4, pp.447-453

著者は現在プリンストン大学ロマンス語ロマンス文学科教授であり、モンテーニュ、ラブレー、ルイーズ・ラベの著作の校訂者として著名である。フランス・ルネサンス文学研究者として多くの研究があるが、衣服にかかわる分析は本論のみである。掲載誌はポワチエ大学中世文明研究所が発行する学術誌で、とくにロマネスク美術を領域とする長い歴史をもった雑誌である。

中世衣生活誌　日常風景から想像世界まで

2000年4月10日　第1版第1刷発行

編訳者　徳《とく》井《い》淑《よし》子《こ》

発行者　井村寿人

発行所　株式会社　勁《けい》草《そう》書房

112-0005　東京都文京区水道2-1-1　振替　00150-2-175253
（編集）電話　03-3815-5277／FAX　03-3814-6968
（営業）電話　03-3814-6861／FAX　03-3814-6854

三協美術印刷・和田製本

© TOKUI Yoshiko　2000　Printed in Japan

＊落丁本・乱丁本はお取替いたします。

＊本書の全部または一部の複写・複製・転訳載および磁気または光記録媒体への入力等を禁じます。

ISBN　4-326-85167-8

http://www.keisoshobo.co.jp

視覚障害その他の理由で活字のままでこの本を利用出来ない人のために、営利を目的とする場合を除き「録音図書」「点字図書」「拡大写本」等の製作をすることを認めます。その際は著作権者、または、出版社まで御連絡ください。

徳井淑子　服飾の中世　四六判　二九〇〇円

小池三枝　服飾の表情　四六判　二六〇〇円

坂井妙子　ウエディングドレスはなぜ白いのか　四六判　二六〇〇円

神野由紀　趣味の誕生　百貨店がつくったテイスト　四六判　二七〇〇円

小町谷朝生　色彩のアルケオロジー　四六判　二八〇〇円

小町谷朝生　視覚の文化　四六判　二一〇〇円

小町谷朝生　色彩と感性のポリフォニー　四六判　二三〇〇円

西村清和　遊びの現象学　四六判　二九〇〇円

西村清和　フィクションの美学　四六判　三〇〇〇円

尼ヶ崎彬　ことばと身体　四六判　二二〇〇円

樋口桂子　イソップのレトリック　メタファーからメトニミーへ　四六判　二二〇〇円

著者/編訳者	書名	判型	価格
岡部紘三	フランドルの祭壇画	A5判	三四〇〇円
岸 文和	江戸の遠近法 浮絵の視覚	A5判	三五〇〇円
宗像衣子	マラルメの詩学	四六判	四二〇〇円
W・J・T・ミッチェル 鈴木/藤巻訳	イコノロジー イメージ・テキスト・イデオロギー	A5判	四二〇〇円
U・クルターマン 神林/太田訳	芸術論の歴史	A5判	四七〇〇円
M・A・ドーン 松田英男監訳	欲望への欲望 一九四〇年代の女性映画	A5判	四五〇〇円
V・バーギン 室井/酒井訳	現代美術の迷路	四六判	三三〇〇円
H・フォスター編 室井/吉岡訳	反 美 学 ポストモダンの諸相	四六判	三二〇〇円
外山紀久子	帰宅しない放蕩娘 舞踊のモダニズムとポストモダニズム	四六判	二八〇〇円
神林恒道編	現代芸術のトポロジー	四六判	二五〇〇円
E・H・ゴンブリッチ 二見/谷川/横山訳	**増補完訳** 棒馬考 イメージの読解	四六判	三五〇〇円

＊表示価格は2000年4月現在。消費税は含まれておりません。

W・ヴェルシュ 小林信之訳 感性の思考 美的リアリティの変容 四六判 三四〇〇円

V・フルッサー 深川雅文訳 写真の哲学のために テクノロジーとヴィジュアルカルチャー 四六判 二五〇〇円

野口芳子 グリムのメルヒェン その夢と現実 四六判 二二〇〇円

本田和子編著 ものと子どもの文化史 四六判 二三〇〇円

A・マクファーレン 北本正章訳 再生産の歴史人類学 1300～1840年 英国の恋愛・結婚・家族戦略 四六判 七二〇〇円

L・ストーン 北本正章訳 家族・性・結婚の社会史 1500～1800年のイギリス 四六判 五二〇〇円

I・ウェーバー＝ケラーマン 鳥光美緒子訳 ドイツの家族 古代ゲルマンから現代 四六判 二九〇〇円

J・L・フランドラン 森田伸子／小林亜子訳 フランスの家族 アンシャンレジーム下の親族・家・性 四六判 三七〇〇円

中村桃子 ことばとフェミニズム 四六判 二六〇〇円

諫山陽太郎 家・愛・姓 近代日本の家族思想 四六判 二二〇〇円

諫山陽太郎 〈別姓〉から問う〈家族〉 四六判 二二〇〇円